Nathaniel Altman

Handlinien der Liebe

Nathaniel
Altman

Handlinien der Liebe

Liebe, Partnerschaft und Sexualität
im Spiegel der Hand

Eine chirologische
Charakterkunde

Scherz

1. Auflage 1987
Einzig berechtigte Übersetzung
aus dem Amerikanischen von Helga Künzel.
Illustrationen von Linda James.
Titel der Originalausgabe: «Sexual Palmistry. Hand
Analysis Techniques for Dealing with Love, Sex and Relationship».

Schutzumschlag von Adolf Bachmann.

Inhalt

Vorwort

Unsere Kultur läßt uns weitgehend im Stich, wenn es darum geht, eine sichere Erkenntnisgrundlage für unser Sexualleben zu finden; das macht es uns oft so schwer, innige, wirklich befriedigende menschliche Beziehungen aufzubauen. Wir besitzen zwar ein größeres Wissen über Sex im allgemeinen und Sexualtechniken im besonderen als je zuvor in der Geschichte, aber die meisten wissen kaum etwas über die psychosexuelle Gesamtveranlagung des Menschen und kümmern sich auch nicht weiter um unsere eigentlichen emotionalen und sexuellen Bedürfnisse.

Wenn wir zur Welt kommen, verfügen wir bereits über bestimmte Charakterzüge, die dann im Laufe der Zeit unsere psychosexuelle Persönlichkeit mitformen. Und gleich nach unserer Geburt beginnt unsere sexuelle Erziehung. Im Elternhaus lernen wir Vertrauen, Fürsorge und selbstlose Liebe kennen, manchmal aber auch Grausamkeit, Versagung und Verrat. Die Schule bringt uns nicht nur Lesen und Schreiben bei, sondern verstärkt oft unsere frühesten Haltungen oder lehrt uns neue. Jene unter uns, die eine traditionelle, strenge religiöse Erziehung genossen haben, werden wahrscheinlich zeitlebens geprägt sein von einer gewissen sexuellen Rigidität.

Die Medien spielen in unserer Sexualerziehung ebenfalls eine wichtige Rolle, desgleichen die Art, in der zwischenmenschliche Beziehungen überhaupt gesehen werden. Früher unterstützten Rundfunk, Fernsehen und Presse das, was man heute als «traditionelle Familienwerte» bezeichnet. Sex wurde als getrennt vom übrigen Leben betrachtet: Männer galten als dominierend, «macho» und unabhängig, Frauen als unterwürfig, willfährig und von Männern abhängig. Einerseits idealisierte man die Frau als Kreuzung zwischen asexueller Heiliger und «treusorgendem Hausmütterchen», andererseits dämonisierte man sie als «Männerverderberin» oder schmähte sie als Dirne. Kein Wunder, daß sowohl Männer als auch Frauen mit den heute gültigen Geschlechtsrollen in Konflikt geraten und die zwischenmenschlichen Beziehungen oft einer Verbindung von Feinden statt von Freunden zu gleichen scheinen.

Während der «sexuellen Revolution», die in den sechziger Jahren einsetzte, begannen sich viele der alten Vorstellungsbilder und Unterdrückungsmuster aufzulösen. Wir haben jetzt bei der Suche nach sexueller Befreiung mehr Zugang zu Informationen über Sex als je zuvor. In Filmen, Büchern und Zeitschriften sind unverhüllte Sex-Darstellungen so verbreitet, daß man sie mittlerweile schon als etwas ganz Alltägliches betrachtet. Die Werbung – angefangen von der Reklame für Haarshampoos bis zu jener für Autos – lockt uns in einem solchen Ausmaß mit sexuellen Ködern, daß der Sex inzwischen fast entpersönlicht ist. Die Menschen werden zu Sexualobjekten, die man benutzt und dann wieder beiseite stellt. Leider wirkt sich das alles auch auf die zwischenmenschlichen Beziehungen aus. Vor allem in größeren Städten ist es schwer geworden, einander wirklich kennenzulernen und die festen Grundlagen zu schaffen, die für den Aufbau einer dauerhaften, befriedigenden Beziehung nötig sind.

Natürlich gibt es in der menschlichen Persönlichkeit etwas, das auf den entpersönlichten Sex und die jederzeit lösbare Beziehung «anspricht». Wir lieben die Abwechslung und Erregung, die solcher Sex bringt, und genießen die Freiheit, mit alten, repressiven und oft heuchlerischen Sexualnormen brechen zu können. Doch für viele Menschen, besonders für Großstadtbewohner, ist die wachsende Anonymität – auf jedem, keineswegs nur dem sexuellen Gebiet – eine stete Quelle der Frustration und Einsamkeit.

Ein anderer Teil unserer Persönlichkeit sehnt sich nach Nähe, intensivem Kontakt und echter Bindung. Dieser Teil sucht die haltgebende Freundschaft und wünscht sich eine zu größerer Intimität und Fürsorglichkeit führende Kanalisierung unserer sexuellen Gefühle.

Beziehungen zu anderen Menschen sind wichtig für unsere geistige Entwicklung und unser psychisches Wohlbefinden. Jeder von uns braucht eine gewisse Zeit des Alleinseins, doch die Qualität und die Tiefe unserer zwischenmenschlichen Beziehungen (seien es romantische oder andere) sind ein Spiegelbild unserer eigenen inneren Verfassung und können daher zuverlässig Aufschluß über den Grad unserer persönlichen Integration und Selbstverwirklichung geben.

Es ist zwar wichtig, daß wir uns selbst und andere sexuell verstehen lernen, aber wir müssen den Menschen als Gesamtpersönlichkeit sehen und nicht nur unter sexuellem Aspekt. Wir müssen ihn als ganzen Menschen erfassen, voller Verständnis und Aufgeschlossenheit für seinen Charakter, seinen Geist, seine besonderen Talente, seine Wünsche und Ziele und seine Fähigkeit zur Liebe.

Gleich der modernen Astrologie, Numerologie und Graphologie ermöglicht uns die Chirologie, uns selbst und andere besser kennenzulernen. Das systematische Studium unserer Hände – ihrer Form, Beweglichkeit, Hautstruktur, Berge und Linien – vermittelt uns ein genaueres Verständnis unserer wichtigsten Instinkte und Persönlichkeitsmerkmale sowie ihres Ausdrucks im täglichen Leben und besonders in unseren Beziehungen zu anderen.

Über sexuelle Chirologie wurden bisher kaum Bücher geschrieben. Von den wenigen, die auf dem Markt sind, stellt ein Teil die Sexualität mit starken moralischen Untertönen dar. Andere tendieren dazu, den Sex zu trivialisieren und einer Erörterung kontroverser oder psychologisch unbequemer Aspekte der Sexualität aus dem Weg zu gehen. Wieder andere konzentrieren sich einzig darauf, Ihnen beizubringen, wie Sie den idealen Ehepartner «erwischen», indem Sie die Hände möglicher Kandidaten studieren.

Dieses Buch dagegen möchte den Leser veranlassen, sich in sämtliche Aspekte von Sexualität und zwischenmenschlicher Beziehung, soweit sie die Chirologie betreffen, zu vertiefen und auf diese Weise ein umfassenderes psychologisches Verständnis zu erlangen. Gleichzeitig hofft der Autor, daß die gründlichere Kenntnis der sexuellen Handlesekunst auch den Chirologen in die Lage versetzt, andere besser zu beraten, damit sie ihr volles Potential als liebende Wesen ausschöpfen können.

Nathaniel Altman
Brooklyn, New York

TEIL I

Dieser Teil liefert die Basis, auf die wir uns dann bei der Deutung der einzelnen Finger, Berge, Linien und der übrigen Aspekte der Hand in bezug auf das sexuelle Naturell stützen können.

1 Die Grundlagen der sexuellen Chirologie

Die Hand fasziniert den Menschen seit Beginn seiner Geschichte. Überlieferte Studien der menschlichen Hand – sowohl als Mittel schöpferischen Ausdrucks wie auch als Spiegelbild des inneren Ich – gibt es seit über fünftausend Jahren. Man glaubt, daß die alten Chinesen bereits 3000 v. Chr. damit begannen, Form, Linien und Färbung der Hand zu untersuchen – eine Wissenschaft, die sie *Siang Tscheou* nannten.

Später entwickelten in Indien arische Weise die Handanalyse, *hast samudrika shastra,* als Teil eines größeren Wissenschaftszweigs *(samudrika shastra),* der die menschliche Natur deutet und das menschliche Schicksal durch Analyse von Stirn, Gesicht, Händen, Brust und Füßen voraussagt.

Obwohl keine schriftlichen Aufzeichnungen überliefert sind, wissen wir, daß die alten Chaldäer, Tibeter, Sumerer und Babylonier die Handanalyse kannten, ebenso die frühen Hebräer, Ägypter und Perser. Im Nahen Osten ist das Handlesen – *ilm-ul-kaff* – heute ein hochgeachtetes Studium und ein anerkannter Beruf.

Auch die Griechen waren begeisterte Erforscher der Handsymbolik und widmeten sich intensiv der Handanalyse; sie prägten den Ausdruck *Chirosophie* (aus *cheir,* Hand, und *sophia,* Weisheit). Aristoteles werden mehrere Abhandlungen über Hände zugeschrieben, darunter eine, die er speziell für Alexander den Großen verfaßt haben soll. Ihn interessierten besonders die Zeichnungen in der Hand und deren Bedeutung für das menschliche Leben. In *De coelo et mundi causa* erklärt er: «Die Linien sind nicht ohne Grund in die menschliche Hand geschrieben; sie rühren von himmlischen Einflüssen und von der eigenen Individualität des Menschen her.» Außer Aristoteles und Alexander widmeten sich auch Claudius Galen, Anaxagoras, Hippokrates, Artemodoros von Ephesus und Claudius Ptolemäus voll Eifer der medizinischen und psychologischen Chirosophie sowie der *Chiromantie* oder Kunst, aus den Handlinien die Zukunft vorherzusagen.

Wenn Menschen einen Handliniendeuter aufsuchen, sind sie hauptsächlich an Chiromantie interessiert. Sie wollen wissen, wie lange sie leben werden, wieviel Geld sie verdienen oder erben werden, wann sie heiraten oder sich scheiden lassen werden und wie viele Kinder sie bekommen werden. Jahrhundertelang war das «Geschäft» der meisten Handlinienleser vor allem die Wahrsagerei; sie sagten die Zukunft voraus und befriedigten so die Neugier ihrer Kunden. Weil die Handliniendeutung nicht nur eine Wissenschaft, sondern auch eine intuitive Kunst ist, trafen viele ihrer Voraussagen ein.

Die Handlinien können sich jedoch im Laufe weniger Wochen ändern, darum sind Vorhersagen oft nicht nur ungenau, sondern sogar gefährlich, weil sie unter Umständen die Eigeninitiative lähmen und uns verleiten, der Übernahme persönlicher Verantwortung für unsere Haltungen und Taten auszuweichen. Aus diesem Grund führen verantwortungsbewußte Handliniendeuter die voraussagende Handanalyse heute weit seltener durch als in früheren Zeiten, besonders wenn es um Fragen oder Probleme geht, die mit Sexualität und zwischenmenschlichen Beziehungen zu tun haben.

Das Hauptanliegen des Handlesers sollte die *Chirologie* sein. Chirologie ist, im Gegensatz zur Chiromantie, die vorwiegend psychologisch orientierte Handdeutung. Sie basiert auf der Vorstellung, daß die Hand als Tastinstrument und Arbeitswerkzeug auf einzigartige Weise geeignet ist, zum Ausdruck zu bringen, *wer wir sind.*

Den Psychologen zufolge beginnen beim Menschen im Alter von zwölf bis vierzehn Monaten die Handbewegungen Gefühle wie Freude, Trauer, dringendes Verlangen, Zorn, Überraschung und Zuneigung auszudrücken. Sie sind grundlegende Komponenten unserer Alltagssprache und befähigen uns, anderen unsere tiefsten Gefühle mitzuteilen. Körperhaltung, Gang und Gesichtsausdruck offenbaren zwar bis zu einem bestimmten Grad unser Inneres, aber die Hände sind expressiver und spezifischer in ihrer Aussage, sie können den Kern unseres Wesens mit größerer Genauigkeit widerspiegeln als wohl jeder andere Körperteil. Diese Tatsache beeindruckte den berühmten Psychiater C. G. Jung derart, daß er beschloß, selbst Psychochirologie zu studieren. In der Einführung, die er zu Julius Spiers psychologischem Pionierwerk *The Hands of Children* schrieb, sagt er, daß Hände, deren Form und Funktion so eng mit der Psyche verbunden sind, aufschlußreiche und darum deutbare Äußerungen psychologischer Eigentümlichkeit, das heißt des menschlichen Charakters, liefern könnten.

Warum ist das so? Als grundlegendes menschliches Tastinstrument spielt die Hand eine entscheidende Rolle bei der Konditionierung von Gehirn, Körper und Emotionen, also beim Erlernen bestimmter Reaktionen auf die Umwelt. Außer unserer ererbten genetischen Veranlagung offenbart die Hand wechselnde Gesundheitsmuster, Gefühlsstabilität, die Entfaltung von Talenten sowie unsere psychischen Mechanismen, auf Lebenserfahrungen zu reagieren. Da die Handlinien sich verändern können, bieten sie eine besondere Möglichkeit, unseren Lebensweg zu überwachen und in die Vergangenheit, die Gegenwart sowie die mögliche Zukunft zu blicken.

Doch ist die Hand vielleicht auf keinem Gebiet aufschlußreicher als auf dem Gebiet von Sexualität und zwischenmenschlicher Beziehung. Von den frühesten Lebenstagen an spielen unsere Hände dabei eine einzigartige Rolle, denn durch sie ist es uns möglich, mit den Menschen um uns, ja mit der Welt überhaupt Kontakt aufzunehmen.

Als Kleinkinder berühren wir alles, dessen wir habhaft werden können, aus dem dringenden Bedürfnis heraus, unsere Umgebung wahrzunehmen und zu erfahren: Die Hände sind unser wichtigstes Tastwerkzeug. Weil die Hände außerdem zu den sensibelsten Körperteilen gehören, können sie vielfältige Impressionen von Druck, Struktur, Temperatur und Raumdynamik empfangen. Laut der Psychiaterin und Chirologin Charlotte Wolff, Mitglied des Royal Institute of Psychiatry, ist «ohne das durch die Hände erworbene Beweismaterial die Vorstellung [des Kleinkindes] von Gegenständen unvollständig – sogar wenn sie Teile seines eigenen Körpers sind und selbst Sinnesnerven besitzen, die ihm direkte Informationen liefern».

Durch die ständigen Bemühungen, alles zu berühren, zu greifen und zu erforschen, empfangen wir einen unaufhörlichen Strom von Eindrücken, die uns nicht nur helfen, unseren Platz im Plan der Dinge zu bestimmen, sondern die uns auch mitteilen, ob ein Gegenstand oder eine Person eine Bedrohung darstellt oder nützlich ist für uns und unsere Entwicklung.

Unser Tastsinn ist wichtig für die Herstellung erster Beziehungen. In unserer frühesten Kindheit greifen unsere Hände auf der Suche nach Nahrung, Wärme und Sicherheit nach der Mutter, fassen sie und halten sich an ihr fest. Diese erste Erfahrung, die Mutter zu berühren (oder den Vater) und von ihr (oder ihm) berührt zu werden, legt den Grundstein für unsere spätere Einstellung gegenüber anderen Menschen – und für unsere Beziehungen zu ihnen.

Weil unsere Hände so viel von dem zum Ausdruck bringen können, was wir sind, spielen sie auch eine

Abb. 1.1
Heart and Hand Valentine (Herz-und-Hand-Valentinsgruß), um 1850, Künstler unbekannt. Aus der Sammlung des American Museum of Folk Art, New York City.

ganz wichtige Rolle in unseren Beziehungen, wenn wir älter werden. Ein einfacher Händedruck spricht Bände und kann uns sagen, ob der Betreffende warmherzig, ängstlich, feindselig, stark, freundlich, hilfsbereit oder schwach ist – und das alles im Bruchteil einer Sekunde. Unsere Hände drücken unsere «Herzensenergie» aus und sind darum in der Lage, Hilfe, Schutz, Trost und Liebe zu spenden. Das Gefühl, von jemandem berührt zu werden, der uns gern hat, zählt mit zu den befriedigendsten Erfahrungen, die wir machen können. Ohne die Hände wäre die zwischenmenschliche Beziehung begrenzt und eindimensional.

Eine ganz besondere Rolle kommt den Händen natürlich beim Sex zu. Als Kinder gebrauchen wir die Hände, um unseren Körper zu erforschen und (was die Erwachsenen in unserer Umgebung oft verlegen macht) die Vielzahl angenehmer Empfindungen zu ergründen, die er für uns bereithält. Wenn wir heranwachsen, führen die Hände uns in die sexuelle Lust ein, zuerst bei uns selbst, dann bei und mit anderen.

Im Liebesspiel haben die Hände eine bedeutende, einzigartige Funktion. Wir benutzen sie, unser primäres Tastmittel, um die Haut des Partners zu erkunden, um zu drücken, zu reiben, zu massieren, zu pressen und zu kratzen. Wir umfassen das Gesicht des anderen mit beiden Händen, streicheln seine Wangen und benutzen die Hände zum Heben, Umfassen, Umschlingen, Halten und Liebkosen. Wir können den Partner durch liebevoll-gekonnten Einsatz unserer Hände in einer Weise berühren, die bei ihm unvergleichliche Gefühle der höchsten Lust auslöst. Nach dem Vollzug des Geschlechtsakts gebrauchen wir die Hände weiter, um den anderen zu streicheln, zu umarmen und zu herzen, wodurch wir das Wonnegefühl verlängern und den Körperkontakt pflegen. Die Hände sind das für ein dauerhaftes Liebesverhältnis überaus wichtige «Transportmittel» der Zuneigung und Intimität.

Aufgrund der besonderen Beziehung zwischen menschlicher Hand und individuellem sexuellen Ausdruck kann die psychologische Handanalyse ein wertvolles Instrument sein, das uns hilft, persönliche Sexualitäts-, Liebes- und Beziehungsprobleme zu verstehen. Die Hände ermöglichen uns nicht nur, uns auf konkreter physischer Ebene durch Berührung auszudrücken, sondern offenbaren durch ihre Form und Beschaffenheit, ihre Berge und Linien auch auf symbolische Weise, wer wir sind.

Im Rahmen der sexuellen Chirologie können die Hände unsere grundlegende Lebenskraft, die Art ihrer Umsetzung in Sexualenergie, Leidenschaft und Hingabe sowie unsere Liebesfähigkeit anzeigen. Sie lassen unsere Gefühlskapazität erkennen und enthüllen geistige sowie emotionale Blockierungen, die den

Gefühlsstrom hemmen. Die Hände helfen uns bestimmen, ob und wie gut wir zu diesem oder jenem Menschen passen, und sie zeigen uns, wie wir eine auf Verständnis und Vertrauen basierende Beziehung knüpfen können. Durch Offenbarung von Charakterzügen, Neigungen und Fähigkeiten, über die wir uns oft selbst nicht ganz im klaren sind, ermöglichen uns die Hände einerseits, das zu ändern, was uns an der Herstellung befriedigender Beziehungen hindert, und helfen uns andererseits, viele unserer positiven «Kern»-Eigenschaften zu entdecken und weiterzuentwickeln, die wir bisher vielleicht übersehen haben.

Das vorliegende Buch gliedert sich in drei Teile. Der erste Teil bietet eine gründliche Einführung in die Theorien, auf welche sich die psychosexuelle Chirologie hauptsächlich stützt; außerdem veranschaulicht er, wie sie wichtige Informationen über Sex, Liebe und das Zusammenpassen zweier Menschen zu liefern vermag. Besondere Aufmerksamkeit wird der Handform und den Fingern gewidmet, ebenso der Handgeographie, wozu Berge, Linien, Hautstruktur, Beweglichkeit und andere Merkmale der Hand gehören.

Der zweite Teil befaßt sich mit den grundlegenden Komponenten der Sexualität und ihrer Ausdrucksformen. Wir werden die psychologischen Aspekte von Sex und Partnerbeziehung erörtern, die Varianten sexuellen Verhaltens und deren Erkennbarkeit in der Hand untersuchen und die Schritte erforschen, durch die wir in unserer Beziehung zu unserem Partner stärkere Bewußtheit und größere Harmonie erreichen.

Der letzte Teil behandelt die mehr praktischen Aspekte der Handdeutung. Es werden besonders geeignete Techniken der Handanalyse erläutert sowie eine Auswahl verschiedenster Handabdrücke zur Analyse und Diskussion wiedergegeben.

2 Die fünf Typen von Liebhabern

Form und Gesamtbild der Hand veranschaulichen in hervorragender Weise die sexuelle Persönlichkeit, darum haben im Laufe der Jahre viele Chirologen versucht, die Hände in bestimmte Kategorien einzuteilen. Zwar ist kein System perfekt – und wenige Hände entsprechen wirklich «rein» einem spezifischen Handtyp –, aber die Klassifizierung liefert uns eine allgemeine Basis, auf der wir eine gründliche Handanalyse aufbauen können.

Im Grunde gibt es zwei große Handkategorien, in denen alle Klassifizierungen enthalten sind: die *rezeptive* und die *realistische.* Die rezeptive Hand hat oft ein zartes, zerbrechliches Aussehen und ist gewöhnlich von langer, konischer Form, wie auf Abbildung 2.1 zu sehen. Die Besitzer solcher Hände neigen zu hoher Sensibilität, Gefühlsbetontheit und Romantik. Allgemein gesprochen, treten ihre Gefühle in ihren Beziehungen stark zutage und äußern sich gelegentlich in dramatischen Ausbrüchen und emotionaler Instabilität. Üblich ist ein reiches Linienmuster, das auf eine sehr komplexe Persönlichkeit und die Tendenz zu Nervosität hinweist.

Die realistische Hand (Abbildung 2.2) wirkt extrovertierter und aggressiver. Sie ist oft kräftig und breit, vermittelt den Eindruck von Festigkeit und Entschlossenheit. Je nach Hautstruktur und Beschaffenheit der Hand dürfte der Besitzer stark in der dreidimensionalen Wirklichkeit verwurzelt sein und großes Interesse an den körperlichen Aspekten der Liebe haben.

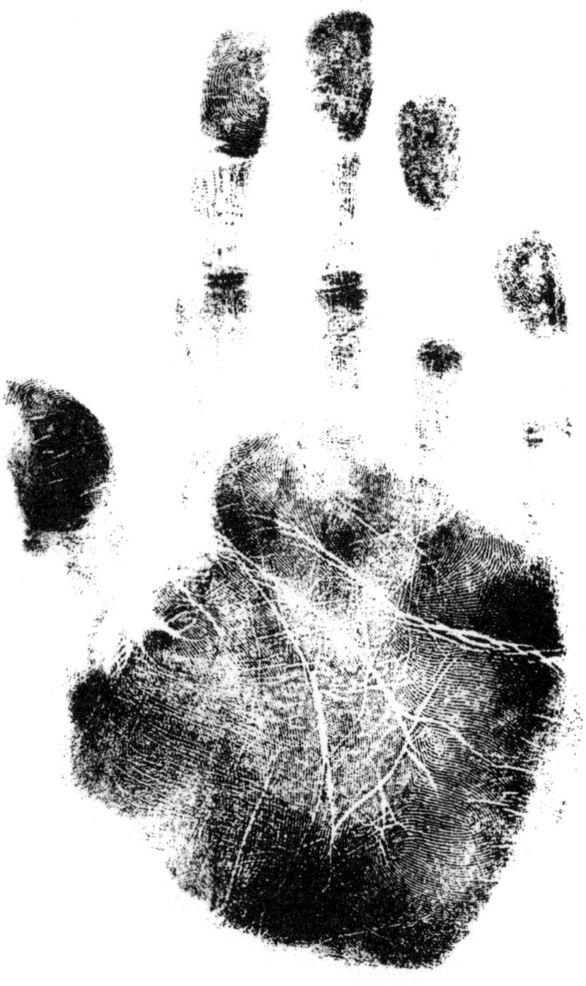

Abb. 2.1
Eine «rezeptive» Hand

Wir werden uns im folgenden auf vier jener sieben grundlegenden Handtypen konzentrieren, die Capitaine Stanislaus d'Arpentigny in seinem Buch *La Science de la Main* (1853) erstmals angeführt hat: die eckige, die spatelförmige, die konische und die psychische Hand. Analysieren werden wir auch die gemischte Hand, über die wohl die meisten Menschen

Abb. 2.2
Eine «realistische» Hand

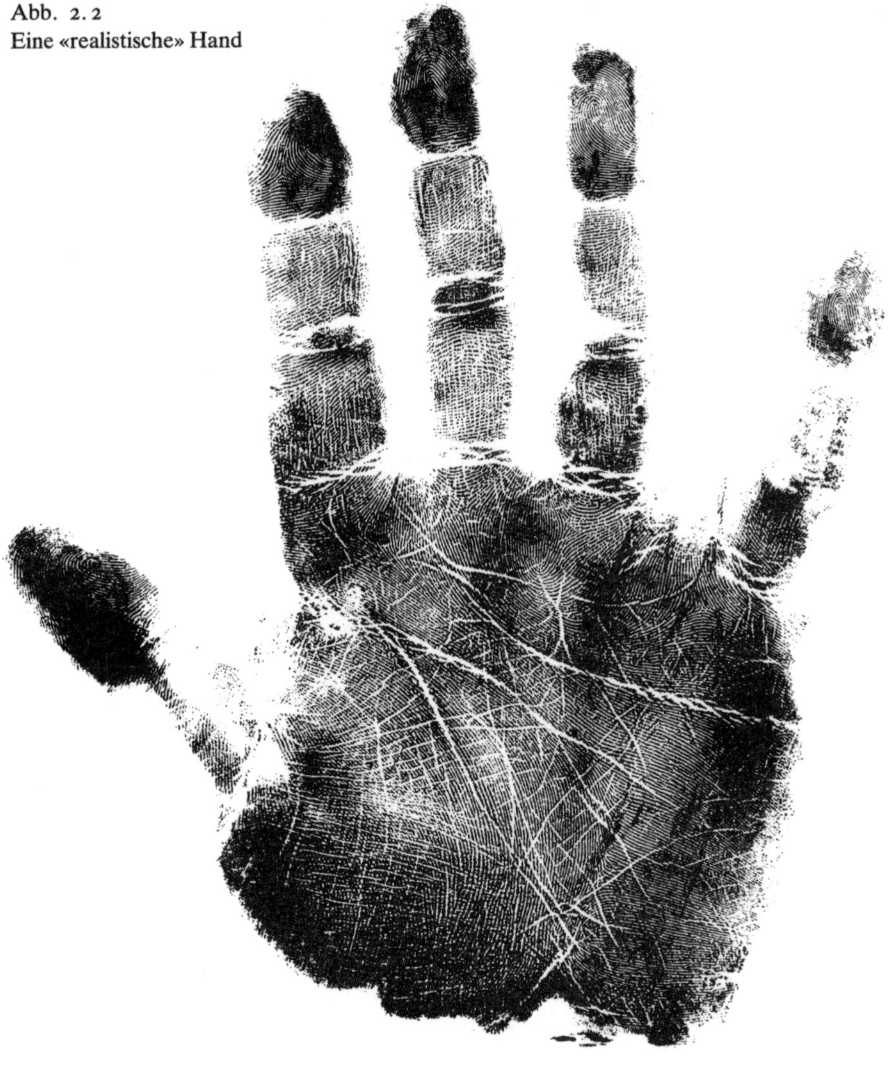

verfügen. Außerdem werden wir auf wichtige Modifizierende Faktoren eingehen – unter anderem auf Handgröße, Beschaffenheit, Hautstruktur und Biegsamkeit der Hand – und prüfen, inwieweit sie wichtige Informationen über Charakter und Sexualität liefern.

Die eckige Hand: Ordnung!

Die erste Unterabteilung der realistischen Kategorie bildet der eckige Handtyp (Abbildung 2.3). Wegen ihrer eckigen Form nennt man diese Hand «die Hand des Organisators und Planers».

Menschen mit eckigen Händen lieben Ordnung, Beständigkeit und Stabilität. Gesunder Menschenverstand und Vernunft haben meist die Oberhand über ihre Gefühle, und sie tendieren zu einer beherrschten, geregelten Liebes- und Partnerbeziehung. Lernen die Besitzer eckiger Hände jemanden kennen, konzentrieren sie sich gewöhnlich auf die eher praktischen Aspekte einer etwaigen Beziehung: «Kann sie kochen?» – «Wäre er ein treusorgender Vater?» – «Ob sie wohl schnarcht?» – «Wird er in zehn Jahren einen Bauch haben?» Solche Menschen neigen dazu, ihre Zeit mit niemandem zu vergeuden, wenn sie nicht relativ sicher sind, daß der Kontakt Aussicht auf Erfolg hat bzw. in das Bild paßt, das sie sich von einer erstrebenswerten Partnerbeziehung gemacht haben. Ist jedoch die Entscheidung, sich zu engagieren, erst einmal gefallen, rücken auch liebevollere Gefühle in den Vordergrund.

Ein Mensch mit eckigen Händen hat in einer Beziehung oft Mühe, sich an neue Umstände anzupassen, besonders wenn die Hand und/oder der Daumen steif ist. Fällt die Kopflinie nicht zum Mondberg hin ab, kann ein solcher Mensch in seinen sexuellen Gewohnheiten ziemlich konventionell sein und leicht in Routine verfallen. Positiv ist bei Menschen mit eckigen Händen zu werten, daß sie normalerweise zuverlässig, charakterfest und geduldig mit ihren Partnern sind und schwierige Situationen oft gut zu meistern verstehen.

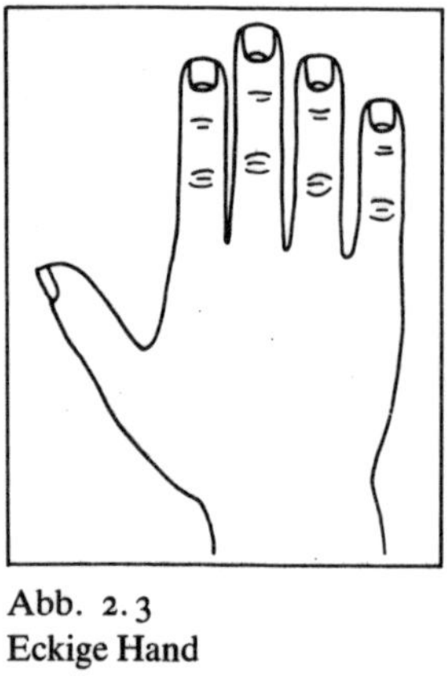

Abb. 2.3
Eckige Hand

Die spatelförmige Hand: Aktiv!

Auch spatelförmige Hände (Abbildung 2.4) fallen in die realistische Kategorie. Sie haben häufig ein kräftiges, breites Aussehen, und manchmal sind die Finger leicht geknotet. Das herausragende sichtbare Merkmal ist eine deutliche «fächerartige» Verbreiterung der Fingerspitzen zur Form eines Spatels.

Menschen mit Spatelhänden sind energisch, selbstsicher und kühn und verstehen es für gewöhnlich, eine Gelegenheit zu nutzen. Sie besitzen die praktischen Eigenschaften von Menschen mit eckigen Händen, schätzen jedoch in einer Beziehung Neuerungen, Abenteuer und Aufregung.

Die Besitzer solcher Hände können impulsiv, charmant und höchst anregende Gesellschafter sein. Sie können einen aber auch ganz schön ärgern, denn sie lieben es, zu flirten, zu schäkern und sich verführerisch zu geben, selbst wenn sie gebunden sind. Sofern nicht andere Aspekte der Hand die abenteuerlichen Neigungen einer reinen Spatelhand modifizieren, dürfte es deren Besitzer schwerfallen, nur mit einer Person eine feste Bindung zu unterhalten, denn eine Hand dieses Typs deutet auf die Veranlagung hin, sich mit mehreren Personen gleichzeitig einzulassen.

Menschen mit Spatelhänden haben oft einen starken Sexualtrieb, ihre Sinnlichkeit kann einen Grad erreichen, der an Hedonismus grenzt. Ist die Hand biegsam und weich, gewinnt die Jagd nach körperlicher Lust gelegentlich die Oberhand über mehr oder weniger wichtige Alltagspflichten wie beispielsweise die Einhaltung eines Termins, das Lernen für eine Prüfung oder das Verdienen des Lebensunterhalts.

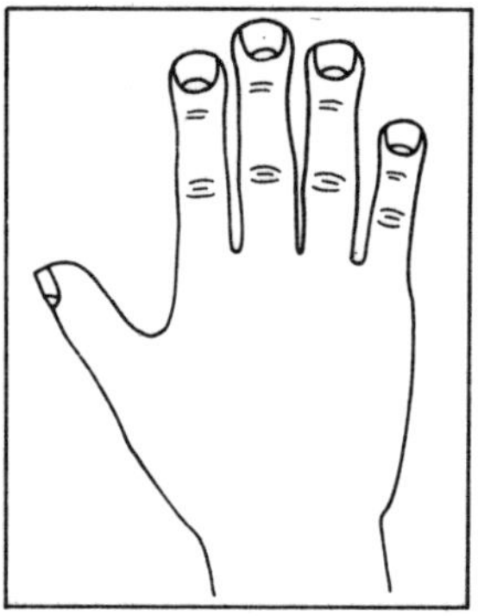

Abb. 2.4
Spatelförmige Hand

Die konische Hand: Romantisch!

Im Gegensatz zu den vorhergehenden Handtypen gehören konische (oder künstlerische) Hände zur rezeptiven Kategorie. Wie in Abbildung 2.5 zu sehen, verjüngen sie sich leicht zur Handwurzel und zu den Fingerspitzen hin. Die Hautstruktur ist gewöhnlich fein, ein Zeichen für Sensibilität und Schönheitsliebe.

Menschen mit konischen Händen werden häufig von Impulsen und ersten Eindrücken beherrscht. In ihren Beziehungen sind sie romantischer, sentimentaler, impulsiver und launenhafter als Menschen mit eckigen Händen, die sich von der Vernunft leiten lassen.

Wankelmütigkeit und Labilität sind angeblich die Hauptprobleme von Menschen mit konischen Händen. Ihre Stimmungsschwankungen beschreibt am treffendsten das geflügelte Wort: «Himmelhoch jauchzend, zu Tode betrübt.» Sie können ihrem Partner an einem Tag hingebungsvoll zugetan sein – und ihm am nächsten Lebewohl sagen. Sind konische Hände jedoch kräftig und fest, besteht größere Wahrscheinlichkeit, daß sich ihre Besitzer zu einer festen Beziehung bereit finden und ihr Bestes tun, um sie dauerhaft zu gestalten.

Die Kreativität ist stark ausgeprägt. Menschen mit konischen Händen sind in einer Beziehung meist aufgeschlossen, anregend und spontan, sie neigen dazu, alles Routinemäßige abzulehnen. Konische Hände lassen auf sexuelle Vielseitigkeit und Freude an Neuem im Schlafzimmer schließen.

Bei einer festen Hand und gut geformten Linien sind die schöpferischen Energien eher auf intellektuellem Gebiet zu suchen. Bei einer schlaffen und dicken Hand jedoch ist die Sinnlichkeit des Besitzers besonders ausgeprägt. Neben reichlichem Essen und Trinken zählt dann viel Sex zu den Hauptbedürfnissen in seinem Leben.

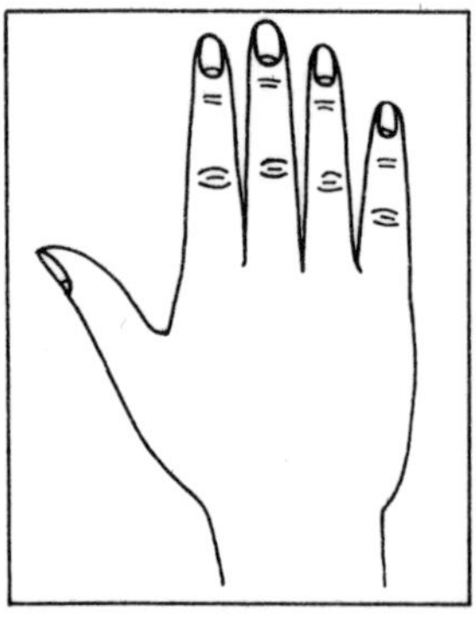

Abb. 2.5
Konische Hand

Die psychische Hand: Schmerzlich idealistisch!

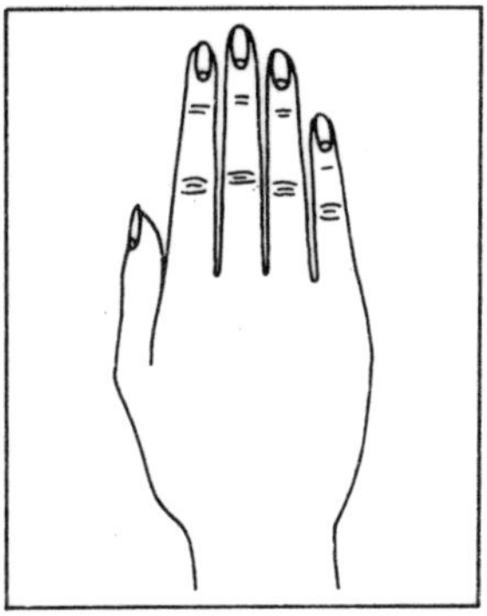

Abb. 2.6
Psychische Hand

Die psychische oder intuitive Hand (Abbildung 2.6) ist relativ selten. Ihre charakteristischen Merkmale sind lange, anmutige, spitz zulaufende Finger. Gleich den Menschen mit konischen Händen sind ihre Besitzer romantisch, beeindruckbar und gefühlsbetont, allerdings in noch stärkerem Maß als erstere. Sie werden meist von tiefen Gefühlen motiviert, und Vernunft und gesunder Menschenverstand bleiben oft auf der Strecke. Als Folge davon sind sie in Beziehungen meist sehr idealistisch, ja sogar naiv, und im Alltag können sie leicht den Kontakt zur Wirklichkeit verlieren. Darum wäre es gut, wenn sie starke, ausgeglichene, sensible Partner anzögen, die ihnen helfen können, in der Realität «Wurzeln zu schlagen», und ein Gefühl größerer Stabilität in ihr Zusammenleben bringen.

Die gemischte Hand: Von allem etwas!

Nur sehr wenige Hände entsprechen einem der beschriebenen vier Typen in dessen reiner Form, auch wenn der eine oder andere Typ deutlich vorherrschen mag. Aus diesem Grund arbeiten wir mit einer fünften Klassifikation – der gemischten Hand –, die ein wichtiges Bezugssystem für eine genaue psychosexuelle Handanalyse darstellen kann.

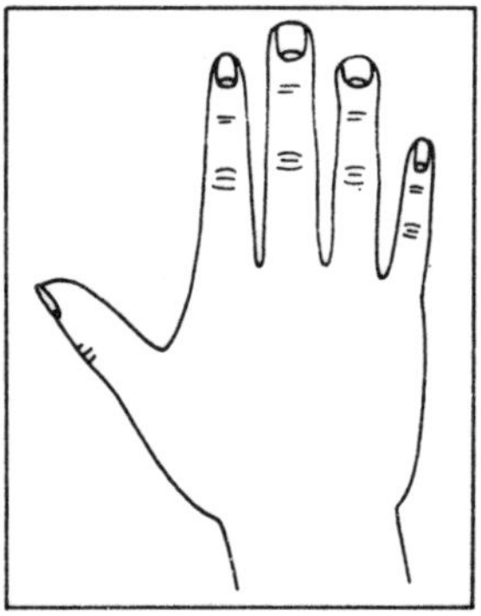

Abb. 2.7
Gemischte Hand

Von der Definition her enthält die gemischte Hand (Abbildung 2.7) Aspekte, die in zwei oder mehr der vorgenannten Handklassifikationen zu finden sind. Die Hand kann vorwiegend eckig sein und einen oder zwei spatelförmige Finger aufweisen. Die Grundform der Hand kann konisch sein, doch sie besitzt vielleicht auch Elemente der praktischeren eckigen Hand.

Bei einer sorgfältigen Handanalyse sollte die Grundform der Hand als Ausgangsbasis dienen. Die Finger, Berge und Linien sowie die modifizierenden Faktoren – Beschaffenheit, Größe, Hautstruktur und Biegsamkeit der Hand – liefern dann die spezifischeren Informationen über den psychosexuellen Charakter und die Art der individuellen sexuellen Äußerung.

Wenn wir eine Hand studieren, müssen wir darum *alle* Faktoren berücksichtigen und die *Beziehungen* zwischen den verschiedenen Aspekten der Hand bestimmen und beurteilen. Das kommt Ihnen zunächst vielleicht verwirrend und schwierig vor, aber mit etwas Intuition, Geduld und nach einiger Übung können Sie sich bei sorgfältiger Beobachtung in wenigen Minuten über die grundlegende «Gestalt» einer Hand klarwerden.

Beschaffenheit

Die Beschaffenheit von Händen bestimmt man durch Messen ihrer Härte bzw. Weichheit unter Druck. Die Kenntnis der Grundbeschaffenheit einer Hand hilft uns bei der Ermittlung der Intensität der Sexualenergie und der Art, wie sie sich äußert. Wenn Sie die Hände eines Menschen in die Ihren nehmen und behutsam drücken, erhalten Sie eine genaue Vorstellung von deren Beschaffenheit.

Das Fleisch einer *schlaffen Hand* läßt sich mit schwachem Druck leicht zusammenpressen. Menschen mit schmalen, schlaffen Händen haben wenig physische Energie und sind gewöhnlich nicht sehr am Geschlechtsverkehr interessiert. Es fällt ihnen oft schwer, ihre Gefühle auszudrücken, und sie machen manchmal den Eindruck, emotional «mager» zu sein. In vielen Fällen deuten schlaffe Hände auf einen trägen, sensiblen Träumer hin, der sich weder physisch noch emotional anstrengen mag.

Schlaffe Hände, die dick sind, signalisieren einen sinnlicheren Menschen. Außer stärkerem Appetit auf Sex zeigen solche Hände übergroße Lust am Essen an (möglicherweise auch an Drogen und Alkohol). Ist der Daumen klein oder läßt er sich leicht nach hinten biegen, fehlt es gewöhnlich an Willenskraft.

Weiche Hände fühlen sich wie ohne Knochen an,

wenn man sie drückt. Zwar können auch sie auf einen schwachen Sexualtrieb hinweisen, aber hier bestehen größere Entfaltungsmöglichkeiten als bei der schlaffen Hand. Sind weiche Hände jedoch dick (was ihnen oft ein schwammiges Aussehen gibt), künden sie von stark ausgeprägter Sinnlichkeit. Übermäßige Lustbefriedigung ist dann üblich.

Elastische Hände lassen sich nicht leicht zusammenpressen, sondern pflegen unter Druck zu federn. Sie verraten sexuelle Vitalität, Anpassungsfähigkeit und Talent, auf neue Ideen und ungewöhnliche Situationen geschickt zu reagieren (physisch und überhaupt).

Feste Hände besitzen eine leichte Elastizität und geben mittlerem Druck nach. Allgemein gesprochen, kennzeichnen sie einen Menschen, der physisch aktiv, psychisch stabil und sexuell potent ist. Menschen mit festen Händen bereitet es manchmal Schwierigkeiten, sich auf neue, unerwartete Situationen einzustellen, und sie möchten, daß die Ereignisse (und andere Menschen) ihrer persönlichen Vorstellung entsprechen. Doch es gelingt ihnen meist, ihren Standpunkt im Laufe der Zeit zu ändern.

Harte Hände geben unter Druck nicht nach, sind oft von grober Hautstruktur und gewöhnlich unelastisch. Menschen mit harten Händen (meist sind dies Männer) können zwar viel körperliche Kraft und reichlich Sexualenergie besitzen, aber sie sind häufig psychisch unbeweglich und in ihrer Art festgefahren. Die Offenheit und Anpassungsfähigkeit, die man für eine erfolgreiche Beziehung braucht, fehlen in der Regel, und die «Herzensgefühle» werden abgeblockt. Dieses Zurückhalten von Energie kann zu plötzlichen Temperamentsausbrüchen führen, besonders wenn die Hände und die Nägel eine rötliche Färbung aufweisen.

Biegsamkeit

Die Biegsamkeit einer Hand erkennt man daran, wie gut sie sich nach hinten biegen läßt. Der Biegsamkeitsgrad enthüllt, in welchem Maß ein Mensch fähig ist, sich an neue Umstände und Ideen anzupassen.

Eine *sehr biegsame Hand* läßt sich mit minimalem Druck zu einem Winkel von neunzig Grad zurückbiegen. Sie verweist auf einen Menschen, der in einer Beziehung stark beeindruckbar ist und leicht unter die Kontrolle anderer geraten kann. Gleichzeitig haben Menschen mit sehr biegsamen Händen oft Mühe, sich an eine einzige Person zu binden, und sie können in ihren Haltungen und Handlungen unberechenbar sein. Läßt sich auch der Daumen mühelos zurückbiegen, ist der Handbesitzer großzügig bis zum Extrem und wird häufig von anderen Menschen mit mehr Willenskraft und Selbstkontrolle ausgenützt.

Eine *mäßig biegsame Hand* (Abbildung 2.8) bildet, wenn man sie zurückbiegt, einen anmutigen Bogen. Menschen mit einer solchen Hand neigen zu Vielseitigkeit auf geistiger, emotionaler und sexueller Ebene. Sie sind gewöhnlich viel zuverlässiger als Menschen mit sehr biegsamen Händen, aber trotzdem fähig, sich auf neue und unerwartete Situationen einzustellen. Ihre Gefühle äußern sie ziemlich offen, und sie besitzen die Fähigkeit, in einer Beziehung dem Partner wirklich zu *geben,* besonders wenn ihre Hände von fester Beschaffenheit sind. Mäßig biegsame Hände verweisen jedoch auch auf ein mögliches Vorhandensein mehrerer Wunschobjekte; darum kann es sein, daß Menschen mit derartigen Händen Probleme haben aufgrund ihrer mangelnden Bindungsbereitschaft und Treue.

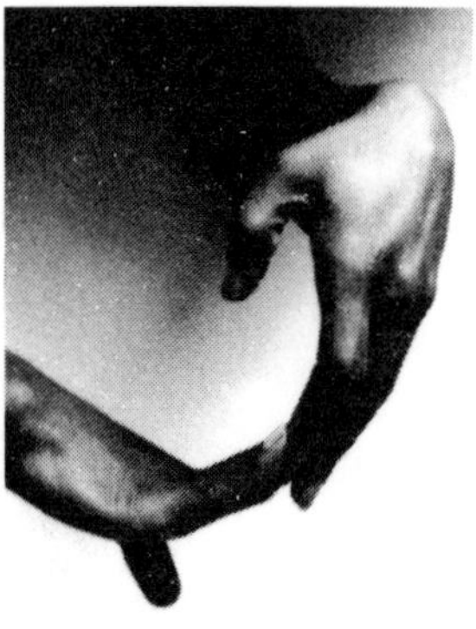

Abb. 2.8
Mäßig biegsame Hand

Eine *feste Hand* biegt sich unter Druck kaum nach hinten. Oft spiegelt sie eine gesunde Portion Lebenskraft sowie starke Sexualenergie wider. Die Besitzer fester Hände neigen jedoch dazu, mit ihren Gefühlen sorgsam umzugehen und sich ihren Partnern emotional zu verschließen, bis sie sich in deren Gegenwart wirklich sicher und wohl fühlen. Sie sind

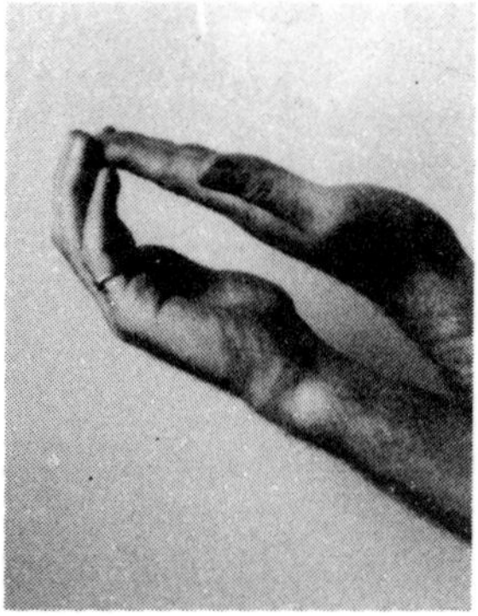

Abb. 2.9
Steife Hand

nur selten impulsiv und brauchen oft Zeit, um neue Ideen und überraschende Situationen zu adaptieren.

Eine *steife Hand* (Abbildung 2.9) ist extrem starr und kann in ihrer natürlichen Haltung sogar einwärts gekrümmt sein. Menschen mit steifen Händen neigen zu psychischer Rigidität, sind eigensinnig, unbeugsam und im allgemeinen nicht sehr aufgeschlossen gegenüber den Meinungen anderer oder neuen Ideen. Sie wollen in einer Beziehung *ihren Willen* durchsetzen, und es fällt ihnen schwer, dem Partner Entgegenkommen zu zeigen. Sie können sehr wohl tiefe Zuneigung und Liebe empfinden, haben aber oft Mühe, anderen diese «Herzensgefühle» mitzuteilen. Ärger vermögen sie leichter zum Ausdruck zu bringen. Positiv ist zu vermerken, daß Menschen mit steifen Händen sehr zuverlässig und verantwortungsbewußt sind und Geheimnisse ausgezeichnet zu bewahren wissen.

Handgröße

Der Volksglaube behauptet, daß die Größe der offenen Hand einer Person (von der Daumenspitze bis zur Spitze des kleinen Fingers gemessen) der Größe ihrer Genitalien entspricht, aber das läßt sich nicht schlüssig beweisen. Für unsere Erörterung von Chirologie und Sexualität gilt es festzustellen, daß die Größe der Hand und ihr Verhältnis zu Körpergröße, Gewicht und Knochenbau ihres Besitzers eher auf dessen *Charakter* schließen lassen als auf die Dimensionen seiner Sexualausrüstung.

Allgemein gesprochen, kennzeichnen *kleine Hände* eine Person, die das Leben großzügig sieht. Menschen mit kleinen Händen handeln oft intuitiv und spontan und haben eine grundsätzliche Abneigung gegen Details, es sei denn, ihre Finger sind geknotet. In ihren Beziehungen sind sie meist stärker gefühls- als verstandesbetont, sie lassen sich mehr von ihren Ahnungen als von der Vernunft leiten. Als Liebhaber tendieren sie gern zum Dramatischen und fühlen sich hauptsächlich von den rein sexuellen, körperlichen Aspekten der Liebe angezogen.

Im Gegensatz dazu scheinen Menschen mit *großen Händen* eine Schwäche für die kleinen Dinge im Leben zu haben. Sie sind in ihren Beziehungen zu anderen analytischer und verstandesbetonter und verlassen sich am liebsten auf konkrete Fakten, wenn es gilt, Probleme zu lösen. Als Liebhaber tendieren sie zu größerer Aufmerksamkeit gegenüber ihren Partnern, und sie nehmen beim Liebesakt gewöhnlich eine entspanntere, «ausgestrecktere» Haltung ein als Menschen mit kleinen Händen.

Anders als große bzw. kleine Hände, die auf jeweils entgegengesetzte Charaktermerkmale verweisen, deuten schmale bzw. breite Hände auf entsprechende Persönlichkeitsaspekte hin. *Schmale Hände,* im Zusammenhang mit Liebe, Sex und Partnerbeziehung gesehen, spiegeln eine engstirnige, beschränkte und oft dogmatische Lebensanschauung wider. Ihre Besitzer neigen dazu, in sexuellen Angelegenheiten ziemlich konventionell zu sein, und interessieren sich im Zusammenhang mit Sexualität und Partnerschaft kaum für neue Ideen und Trends. Ist eine schmale Hand steif und hart, dürfte die Persönlichkeit rigide und unbeugsam sein.

Hautstruktur

Auch die Struktur der Haut entspricht den analogen Emotionen: Je weicher und feiner die Haut, desto größer die physische und emotionale Sensibilität. Menschen mit feiner Haut (Abbildung 2.10) reagieren sehr empfindsam auf ihre Umwelt und brauchen eine Umgebung, die Frieden und Harmonie ausstrahlt. In einer Partnerbeziehung sind sie sich im allgemeinen ihres Bedürfnisses nach Zuneigung und Zärtlichkeit (und der Bedürfnisse ihrer Partner) deutlich bewußt. Ideal wäre, wenn sie sich einen Partner

Abb. 2.10
Feine Hautstruktur

Abb. 2.11
Grobe Hautstruktur

suchten, dessen Hände ebenfalls Sensibilitätszeichen aufweisen (siehe dazu Kapitel 7).

Grobe Haut (Abbildung 2.11) läßt auf eine «rauhere», draufgängerischere Person schließen, die sich von ihrer Umgebung nicht sonderlich beeinflussen läßt. Auch wenn modifizierende Aspekte vorhanden sind, wäre es wünschenswert, daß Menschen mit grober Hautstruktur danach streben, sich der Bedürfnisse ihrer Partner besser bewußt zu werden und ein rezeptiveres Naturell zu entwickeln.

In den vergangenen Jahren erkannten immer mehr Chirologen, daß die Hautleistenmuster oder die *Dermoglyphik* der Innenhand und der Fingerspitzen zuverlässige Indikatoren bestimmter physischer und emotionaler Zustände sein können. Auf Abbildung 2.11 sind die meisten Hautleisten – auch Papillarlinien oder Papillarfurchen genannt – klar und gut geformt. Ist jedoch die Mehrheit der Linien schlecht ausgeprägt und unterbrochen (Abbildung 2.12.), spricht man von einer «Perlenkette», die eine neurotische Disposition signalisieren kann.

Abb. 2.12
Eine «Perlenkette»

Rechts oder links?

Wenn wir die Hände einer Person untersuchen, müssen wir herausfinden, welche der beiden die dominierende ist. Die nichtdominierende oder *passive* Hand spiegelt unsere Vergangenheit und unsere angeborene Veranlagung wider, während die dominierende oder *aktive* Hand vor allem zeigt, was wir im Augenblick mit unserem Leben anfangen. Sehr oft lassen die Hände ausgeprägte Unterschiede zwischen unserem genetischen Potential und dem Grad seiner praktischen Umsetzung erkennen.

Allgemein gesprochen, ist die dominierende Hand jene, mit der wir schreiben. In seltenen Fällen, wenn jemand ein Beidhänder ist und mit der linken wie der rechten Hand schreibt, müssen wir beide Hände zusammen beurteilen. Sind die Hände unterschiedlich, sollten wir während der Deutung Fragen stellen, um herauszufinden, welche Hand über das Leben ihres Besitzers zuverlässiger Auskunft erteilt.

3 Die Finger

Unsere Finger liefern eine Fülle interessanter Informationen über unsere sexuelle Persönlichkeit und die Hauptarten sexueller Ausdrucksmöglichkeiten. Einige Chirologen glauben sogar, daß die Finger mehr über die Sexualität einer Person aussagen als jeder andere Einzelaspekt der Hand.

Beim Studium der Finger ist es wichtig, daß wir jeden Finger sowohl für sich wie auch als integralen Bestandteil der Hand untersuchen. Außerdem müssen wir die Beziehung der einzelnen Finger zueinander ergründen. Die relative Stärke eines Fingers im Rahmen der Hand können wir bestimmen, indem wir die Hand ganz öffnen und die Finger aneinanderlegen. Neigen sich die Finger deutlich zu einem unter ihnen hin, ist dieser der dominierende in der Hand und offenbart uns den Grundzug des Charakters der betreffenden Person.

Bevor wir die besonderen Merkmale der einzelnen Finger untersuchen, müssen wir uns jedoch mit ihrem allgemeinen Aussehen vertraut machen.

Biegsamkeit: Wie bei den Händen, so gibt auch bei den Fingern der Biegsamkeitsgrad wichtige Hinweise auf den Charakter eines Menschen und auf seine Anpassungsfähigkeit. Idealerweise sollten sich die Finger mäßig nach hinten biegen lassen, ein Zeichen für gute Anpassungsfähigkeit an neue Ideen und Situationen. Steife Finger signalisieren eine eher unbeugsame Persönlichkeit, die dazu neigen dürfte, gesellschaftlich und sexuell konservativ zu sein. Läßt sich das obere Fingerglied zurückbiegen, ist oft großes schöpferisches Talent vorhanden. Eine zurückgebogene Spitze des kleinen Fingers beispielsweise zeugt von ausgeprägten Kommunikationsfähigkeiten.

Länge und Dicke: Die Länge der Finger muß in Bezug zur Länge der Handfläche gesehen werden. Ausgewogenheit besteht, wenn der Mittel- oder Saturnfinger die gleiche Länge hat wie die Handfläche.

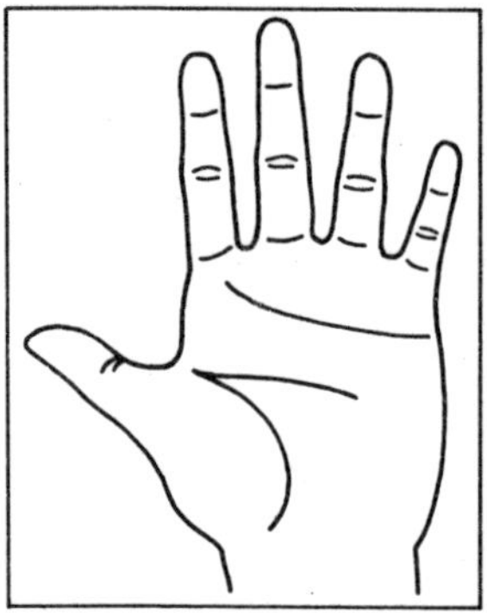

Abb. 3.1
Hand mit kurzen Fingern

Allgemein gesagt, verlassen sich Menschen mit kurzen Fingern (Abbildung 3.1) mehr auf ihre Instinkte als auf Analyse und Detailkenntnis. Sie sind intuitionsstark, impulsiv und ungeduldig. Sie erkennen den Kernpunkt einer Frage oder eines Problems meist sehr rasch, und sie sind fähig in einem Gespräch auch verborgene Bedeutungen wahrzunehmen. Sofern ihre Finger nicht geknotet sind, kümmern sie sich meist nicht um Einzelheiten, sondern betrachten das Leben eher großzügig als Ganzes.

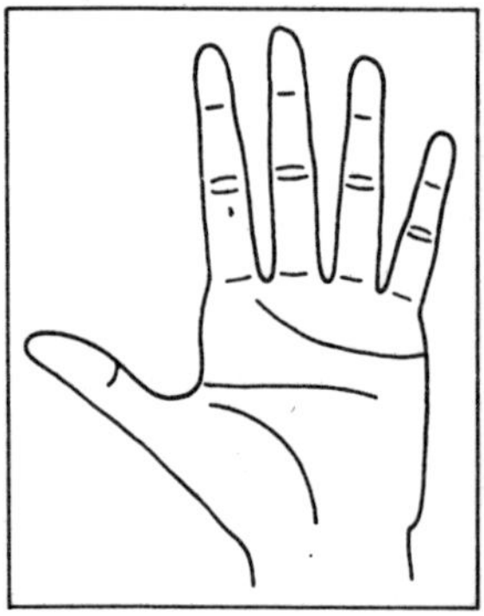

Abb. 3.2
Hand mit langen Fingern

Lange Finger (Abbildung 3.2) signalisieren die genau entgegengesetzten Eigenschaften: Geduld, Liebe zum Detail und Hang zur Analyse zählen zu den üblichen Charakterzügen langfingriger Menschen. Anders als die Kurzfingrigen sind sie eher introspektiv und können heftigen Groll und Unmut hegen, wenn sie sich mißachtet, verletzt oder verraten fühlen.

Je dicker und fleischiger die Finger, desto stärker die Sinnlichkeit. Menschen mit dicken Fingern lieben reichliches Essen, eine luxuriöse Umgebung und natürlich viel Sex. Dünne, knochige Finger weisen auf eine mehr intellektuelle und weniger sinnenhafte Person hin, der die Welt körperlicher Lust oft fremd bleibt.

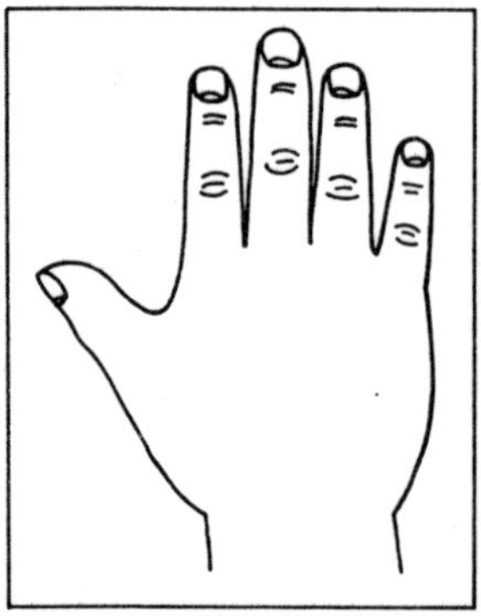

Abb. 3.3
Hand mit glatten Fingern

Knöchel: Bei glatten Fingern (Abbildung 3.3), an denen ausgeprägte Gelenke fehlen, besteht die Neigung zu intuitivem und impulsivem Handeln. Menschen mit glatten Fingern haben häufig Mühe, ein Problem in seine Bestandteile zu zerlegen und gewis-

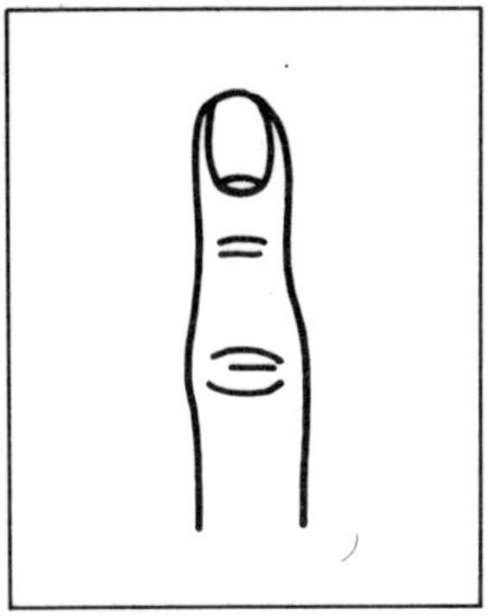

Abb. 3.4
Geknoteter Finger

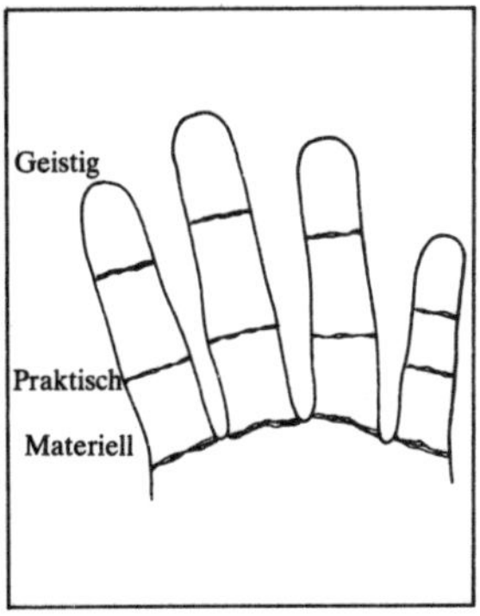

Abb. 3.5
Die drei Fingerglieder

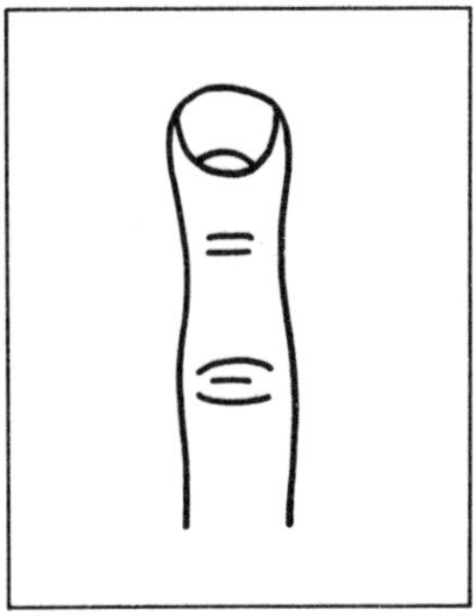

Abb. 3.6
Spatelförmiger Finger

senhaft zu analysieren; sie werden ungeduldig, wenn sie sich mit Einzelheiten befassen müssen. Ihre Entscheidungen basieren vorwiegend auf Ahnungen statt auf einer sorgfältigen Prüfung der Fakten. Dem Partner gegenüber zeigen sie gewöhnlich ihre Gefühle, und es fällt ihnen leicht, Verärgerung, Liebe oder Freude zum Ausdruck zu bringen.

Sind die Finger glatt und kurz, bestehen gesteigerte Impulsivität, Ungeduld und Abneigung, ins Detail zu gehen. Bei glatten, langen Fingern dagegen sind die intellektuellen und analytischen Aspekte der Persönlichkeit ausgeprägt, und es kann sein, daß Entscheidungen sehr bedächtig getroffen werden.

Knoten an den Fingern, die nicht durch Arthritis verursacht wurden (Abbildung 3.4), offenbaren einen stark analytischen Geist. Vom äußeren Schein lassen sich Menschen mit geknoteten Fingern selten verführen, und sie neigen zur Vorsicht, wenn es gilt, eine neue Beziehung zu knüpfen. Manchmal mangelt es ihnen an Spontaneität, und es fällt ihnen oft schwer, gegenüber anderen ihre Gefühle zu äußern.

Die Glieder: Zeige-, Mittel-, Ring- und kleiner Finger sind in drei Abschnitte oder *Glieder* unterteilt (Abbildung 3.5). Das oberste Glied ist jenes der geistigen Ordnung, das mittlere gilt als jenes der praktischen Ordnung, und das untere wird als Glied der materiellen Ordnung bezeichnet.

Ist das oberste Glied das längste der drei, nehmen geistige Beschäftigungen die Aufmerksamkeit dieser Person weitgehend in Anspruch. Ein langes mittleres Glied weist darauf hin, daß das Hauptmerkmal Aktion, Unternehmungslust ist – entsprechend der Bedeutung des betreffenden Fingers. Ein langes und meist auch dickes Glied der materiellen Ordnung zeigt, daß dieser Mensch stärker den sinnenhaften oder materiellen Aspekten des Lebens verhaftet ist. Denken Sie daran, daß die relative Länge und die relative Dicke der einzelnen Glieder wahrscheinlich von einem Finger zum anderen variieren.

Bevor wir uns den einzelnen Fingern zuwenden, wollen wir die Haupteigenschaften der verschiedenen Typen rekapitulieren:

Spatelförmig (Abbildung 3.6): Waghalsig, körperlich aktiv, impulsiv, praktisch, sinnlich.

Eckig (Abbildung 3.7): Ordnungsliebend, systematisch, beständig, konventionell, zuverlässig, vernunftbetont.

Konisch (Abbildung 3.8): Kreativ, romantisch, empfänglich für äußere Reize, unbeständig, vielseitig, instinktbetont.

Psychisch (Abbildung 3.9): Stark von äußeren Reizen beeinflußt, sehr idealistisch, hoch sensibel, unpraktisch, gefühlsbetont.

Rund (Abbildung 3.10): Anpassungsfähig, ausgewogen, aktiv, aber dabei rezeptiv, geistig orientiert, aber dabei emotional, ausgeglichen.

Viele Hände sind eine Kombination aus diesen verschiedenen Typen, darum müssen wir sowohl die Eigenschaften, die jeden Finger regieren, als auch die Grundform des Fingers berücksichtigen. Sehen wir uns nun Finger für Finger einzeln an.

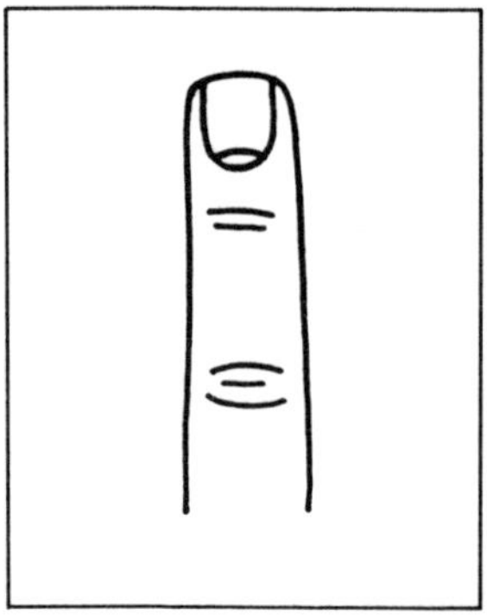

Abb. 3.7
Eckiger Finger

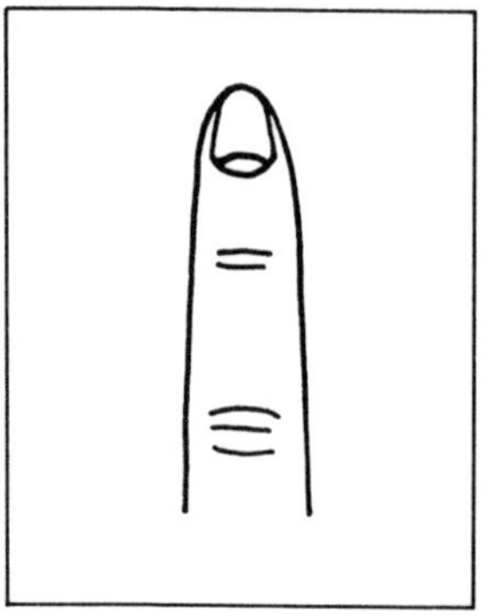

Abb. 3.8
Konischer Finger

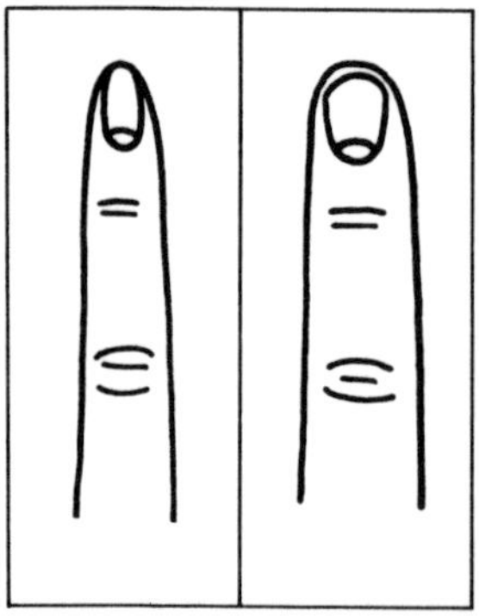

Abb. 3.9
Psych. Finger

Abb. 3.10
Runder Finger

Der Daumen

Im Hinblick auf Sexualität und zwischenmenschliche Beziehungen signalisiert der Daumen unsere Ich-Kraft sowie unser Maß an Sexualenergie und Sexualkapazität. Weil der Daumen uns in die Lage versetzt, im täglichen Leben eine Vielfalt praktischer Aufgaben zu erledigen, symbolisiert er unsere Fähigkeit, diese Energie und Kraft zum Ausdruck zu bringen.

Die Größe des Daumens indiziert das grundlegende Energieniveau eines Menschen. Normalerweise sollte die Daumenspitze bis zum unteren Glied des Zeige- oder Jupiterfingers reichen. Ein langer Daumen (Abbildung 3.11) verweist auf ein Übermaß an Sexualenergie und auf eine starke Persönlichkeit. Die Besitzer langer Daumen sind in Beziehungen oft egozentrisch und dominierend und lieben es, im Mittelpunkt der Aufmerksamkeit zu stehen. Menschen mit kurzen Daumen (Abbildung 3.12) neigen zu Willensschwäche. Ihnen mangelt es häufig an Selbstvertrauen und Durchsetzungsvermögen, und in einer Beziehung können sie von ihrem Partner beherrscht werden.

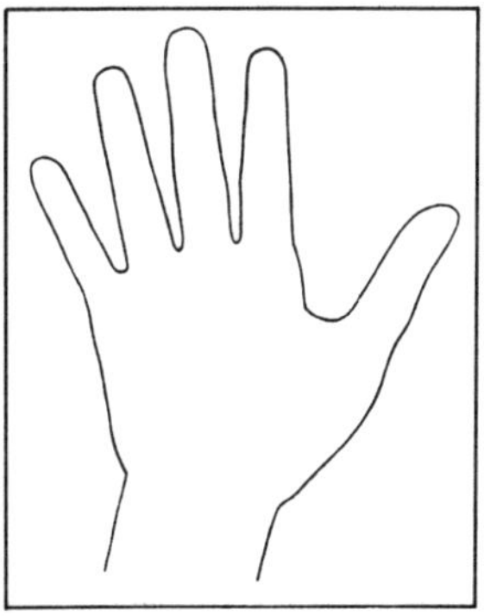

Abb. 3.11
Langer Daumen

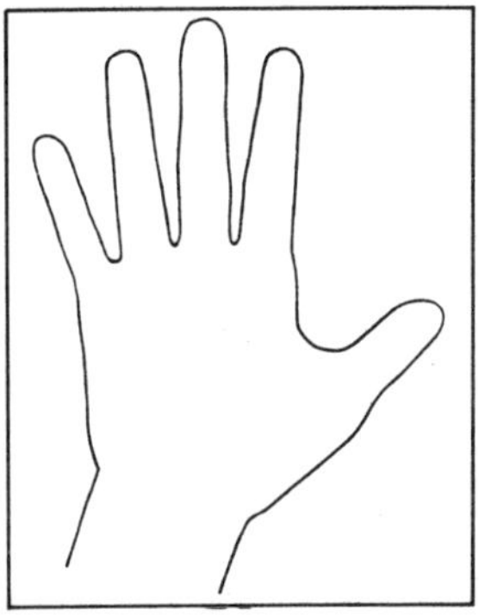

Abb. 3.12
Kurzer Daumen

Bevor wir einen Daumen als lang oder kurz bezeichnen, müssen wir uns jedoch ansehen, wie er an der Hand sitzt. Ein *niedrig sitzender* Daumen kann eine rechtwinkelige Stellung haben, wie auf Abbildung 3.13 zu sehen. Er zeigt an, daß der Betreffende Selbstvertrauen hat, unabhängig ist und im Leben Risiken eingeht. Menschen mit niedrig sitzendem Daumen neigen zu einer unkonventionellen, spontanen Einstellung zu Sex und Partnerschaft. Je höher der Daumen an der Hand sitzt (Abbildung 3.14), desto stärker neigt der Betreffende auf emotionaler und sexueller Ebene zu Zurückhaltung und Verklemmung. Oft sind Menschen mit solchem Daumen prüde; sie haben Angst, den Dingen ihren Lauf zu lassen und sich dem Rhythmus des Lebens hinzugeben. Hier muß man jedoch unbedingt berücksichtigen, daß ein hoch sitzender Daumen durch andere Aspekte der Hand modifiziert werden kann, beispielsweise wenn Kopf- und Lebenslinie zu Beginn getrennt sind oder wenn Hand und Daumen eher biegsam als fest sind. Sitzt der Daumen in einem Winkel von sechzig Grad an der Hand, besteht eine Art Balance zwischen diesen beiden Extremen. Ein gewisses Maß an sexueller Gehemmtheit und an Furcht vor Experimenten kann bestehen, aber es ist nicht so groß wie bei einem hoch sitzenden Daumen.

Der Daumen unterteilt sich in drei Glieder, wie Abbildung 3.15 zeigt. Das Nagelglied wird als *Willensglied* bezeichnet, das nachfolgende zweite ist das *Glied der Logik;* der dritte Teil, der *Venusberg,* ist ein hervorragender Indikator unserer Fähigkeit zu Liebe und sexueller Äußerung. Auf ihn gehen wir im folgenden Kapitel näher ein.

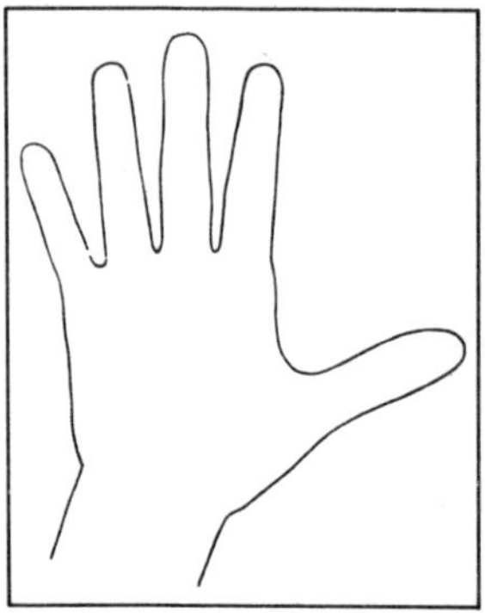

Abb. 3.13
Niedrig sitzender Daumen

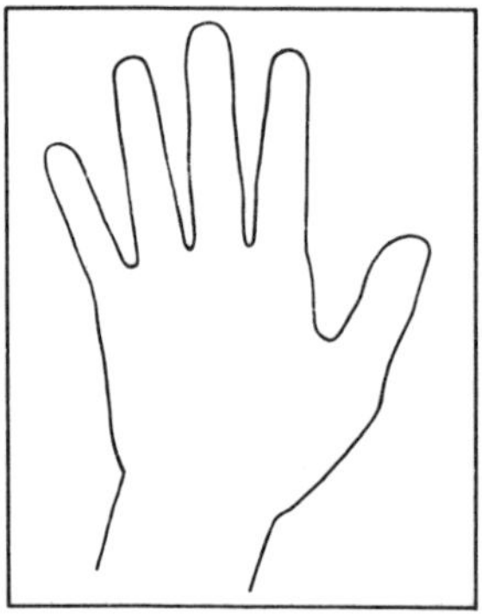

Abb. 3.14
Hoch sitzender Daumen

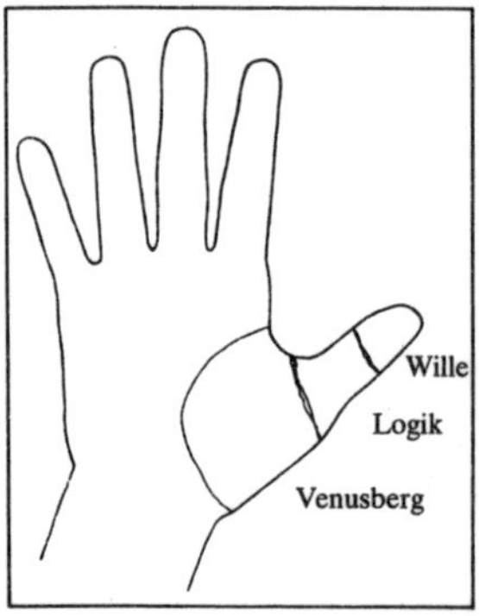

Abb. 3.15
Die drei Daumenglieder

Ein starkes Willensglied – schön gerundet, lang und breit – verrät Entschlußkraft, Hartnäckigkeit und die Fähigkeit, Gedanken in die Tat umzusetzen. Ist die Daumenspitze konisch geformt, kann es sein, daß die Energie verzettelt wird und der Mensch Schwierigkeiten hat, sich wirklich effektiv mit einem Problem zu befassen, das Geduld und langfristige Aufmerksamkeit erfordert. Ist dieses Glied dünn oder flach (von der Seite gesehen), dürfte die Person reizbar und nervös sein. Bei einer eckigen Daumenspitze liegt eine praktische, rationale Einstellung zu zwischenmenschlichen Beziehungen vor. Eine spatelförmige Daumenspitze dagegen kündet von einer instinktbeherrschten Einstellung zur Partnerschaft, die mehr auf sexuellen oder zärtlichen Gefühlen basiert als auf rationalem Denken und Analyse. Im allgemeinen sind Besitzer spatelförmiger Daumen sehr dynamisch, und es ist aufregend, mit ihnen beisammen zu sein. In ihrer Umgebung «rührt sich etwas».

Einige wenige Menschne haben einen Daumen mit deformiertem Willensglied, das knollig oder keulenförmig aussieht (Abbildung 3.16). Die Handdeuter bezeichnen diesen Daumen von alters her als «Mörderdaumen». Er zeigt zwar normalerweise keine Ten-

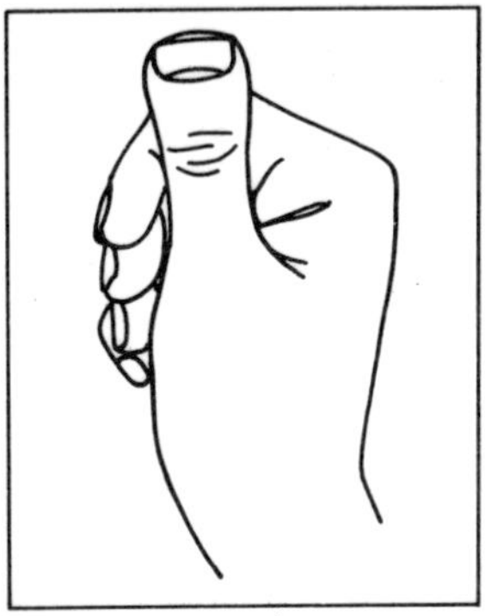

Abb. 3.16
«Mörderdaumen»

Abb. 3.17
Taillierter Daumen

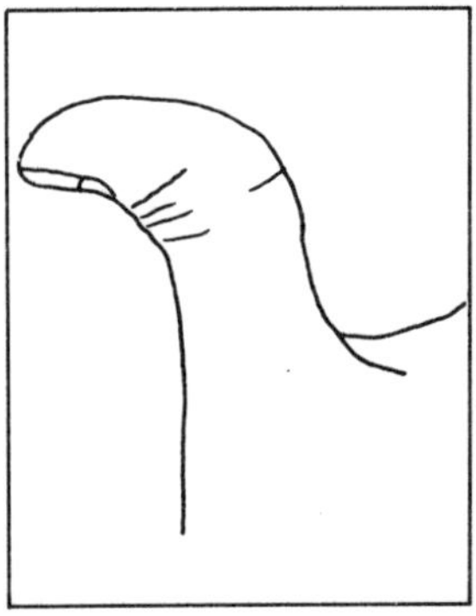

Abb. 3.18
Elastischer Daumen

denz zu Gewalttaten an, ist jedoch oft ein Zeichen dafür, daß der Betreffende Energie in einem Maße zurückhält, das zu plötzlichen Temperamentsausbrüchen führen kann. Die Besitzer solcher Daumen muß man mit Takt und Feingefühl behandeln. Findet sich ein keulenförmiger Daumen an einer derben Hand mit rötlicher Haut, kann die Person auch brutal werden und sie hat die Anlage zu Ehepartner- oder Kindesmißhandlung. Untersuchen Sie jedoch die ganze Hand auf modifizierende Aspekte hin, bevor Sie endgültige Schlüsse ziehen.

Das Glied der Logik offenbart den Grad unserer Denk- und Urteilsfähigkeit in einer zwischenmenschlichen Beziehung. Idealerweise sollte es genauso lang und dick sein wie das Willensglied, was auf Ausgewogenheit zwischen Denken und Tun hinweisen würde. Je länger und kräftiger dieses Glied ist, desto stärkere Kontrolle wird das Ego über alles Tun und Handeln ausüben; das kann so weit gehen, daß ständiges Grübeln jede Aktion lähmt. Diese Gefahr besteht besonders bei einem geknoteten Daumengelenk. Ist das Glied der Logik «tailliert» (Abbildung 3.17), folgt die Person, wenn sie Entscheidungen zu treffen hat, wahrscheinlich eher dem Instinkt als der Logik. Manche Chirologen halten einen «taillierten Daumen» außerdem für ein Zeichen von Takt im gesellschaftlichen und beruflichen Bereich.

Auch die Biegsamkeit des Daumens ist von Bedeutung. Ein elastischer Daumen (Abbildung 3.18) biegt sich im Gelenk zurück; er ist ein Zeichen für emotionale Vielseitigkeit und gute Anpassungsfähigkeit an andere Menschen und ungewohnte Situationen. Besitzer elastischer Daumen können auch sehr freigebig gegenüber geliebten Menschen sein, sie mit Zuneigung oder materiellen Dingen überschütten. Ist der Daumen übermäßig elastisch (das heißt, biegt er sich in einem Winkel von neunzig Grad oder mehr zurück), besteht die Gefahr, daß die Freigebigkeit übertrieben wird und der Betreffende sich von anderen leicht ausnutzen läßt. Oft geht er auch verschwenderisch mit Geld um, besonders wenn die übrige Hand ebenfalls sehr biegsam ist. Er hat gewöhnlich wenig Willenskraft, und es könnte ihm schwerfallen, treu zu sein.

Ein mäßig biegsamer Daumen läßt sich unter Druck nur leicht zurückbiegen. In Partnerschaften verlassen sich Leute mit Daumen dieses Typs vor allem auf ihren gesunden Menschenverstand. Sie können aufgeschlossen und im Zusammenleben mit einer anderen Person anpassungsbereit sein, genausogut aber auch willensstark und hartnäckig, wenn es nötig ist.

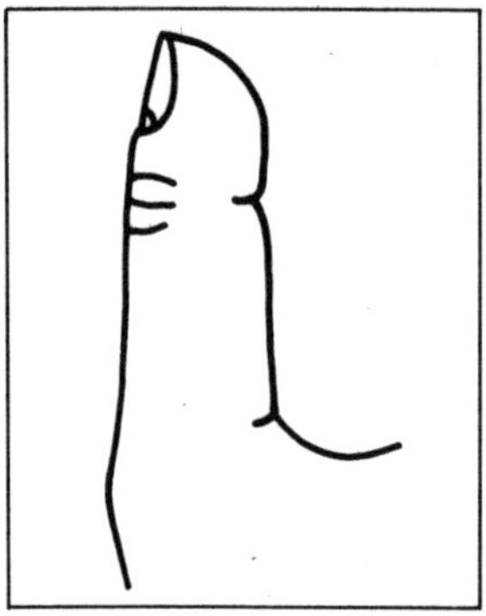

Abb. 3.19
Steifer Daumen

Steife Daumen (Abbildung 3.19) biegen sich unter Druck nicht. Ihre Besitzer neigen zu Eigensinn und Vorsicht. Sie haben Mühe, die Vorlieben und Abneigungen des Partners zu akzeptieren. Wenn sich die übrige Hand nicht wenigstens etwas biegen läßt, können sie rigide, starrköpfig und zurückhaltend in ihren Gefühlen sein. Auf der positiven Seite ist zu vermerken, daß Menschen mit steifen Daumen im allgemeinen charakterfest und verantwortungsbewußt sind und man sich in fast allen Dingen auf sie verlassen kann.

Jeder der vier anderen Finger hat einen besonderen Namen und charakterisiert die Art der ihn durchströmenden Energie. Alle vier Finger sind nach Himmelskörpern benannt, die wiederum die Namen griechischer oder römischer Gottheiten tragen. Die Finger repräsentieren Aspekte unseres Naturells, die von diesen mythologischen Wesen symbolisiert werden.

Jupiter

Der Zeige- oder Jupiterfinger ist nach Jupiter oder Zeus benannt, dem König der Götter. In den wichtigsten Merkmalen dieses Fingers spiegeln sich die extrovertierten Eigenschaften: Ehrgeiz, Charisma,

Inspiration, Führungsqualität, Großmut. Idealerweise sollte der Jupiterfinger bis zur Mitte des oberen Saturnglieds reichen und genauso lang sein wie der Apollofinger.

Ist Jupiter länger als Apollo und reicht über die Mitte des oberen Saturnglieds hinaus, besitzt die Person angeborene Führungsqualitäten und übernimmt in einer Beziehung gern die Verantwortung. Ein langer und kräftiger Jupiterfinger kann gleichzeitig die Neigung zu Eitelkeit und Herrschsucht indizieren. Weist die Hand bestimmte andere Faktoren auf, besteht möglicherweise ein psychologisches Bedürfnis nach sexuellen Eroberungen. Im allgemeinen verfügen Personen mit einem solchen Jupiterfinger über ein starkes Ego und jede Menge Selbstbewußtsein. In dem Maße, in dem Jupiter kürzer ist als Apollo, fehlt es an Selbstachtung und Selbstvertrauen, besonders wenn Kopf- und Lebenslinie verbunden sind.

Neigt sich Jupiter dem Saturn zu, werden die positiven Kerneigenschaften verzerrt und es besteht dann die Tendenz zu Besitzgier und Eifersucht. Ein spitzes Nagelglied signalisiert Idealismus in der Liebe, während ein eckiger Finger oft eine pragmatischere Einstellung zur Liebe anzeigt.

Saturn

Der Mittelfinger, benannt nach dem Gott Saturn, dem Richter, ist der Indikator von Anständigkeit, Verantwortungsbewußtsein und Introspektion. Im Rahmen der Hand dient Saturn als Bindeglied zwischen den unterbewußten Persönlichkeitsaspekten, die von Apollo und Merkur repräsentiert werden, und den eher aktiv-bewußten Eigenschaften, für die Jupiter und Daumen stehen.

Ist der Saturn gerade, herrscht Ausgewogenheit zwischen Willen und Gefühl sowie zwischen dem Wunsch, mit Menschen beisammen zu sein, und dem

Verlangen nach Alleinsein. Neigt sich der Saturn leicht in Richtung Jupiter, ist der Betreffende von Grund auf spontan und extrovertiert und liebt es, den Großteil seiner Zeit mit anderen Menschen zu verbringen. Eine leichte Neigung zum Apollo indiziert eine Tendenz zu Melancholie und den Hang, mehr allein als in Gesellschaft zu sein. Dies darf man jedoch nicht als antisoziale Haltung deuten. Menschen mit solchen Fingern brauchen zwar «ihren eigenen Raum», genießen aber auch gesellschaftliche Zusammenkünfte und Partnerschaften. Eine scharfe Biegung in Richtung Apollo ist ein sicherer Hinweis auf chronische Depression. In Kapitel 7 werden wir uns mit diesem Aspekt näher befassen.

Apollo

Der Ring- oder Apollofinger erhielt seinen Namen nach dem Gott der Kraft und der Selbstdarstellung. Er ist Ausdruck der Kreativität, der Liebe zu Kunst und Musik sowie unserer Fähigkeit, Gedanken und Gefühle anderen gegenüber zu äußern. Wie bereits erwähnt, sollten Apollo und Jupiter etwa gleich lang sein, und der Apollofinger sollte im Idealfall bis zur Mitte des obersten Saturnglieds reichen. Dies würde eine Betonung der schönsten Eigenschaften Apollos bedeuten und auf Selbstachtung, Selbstvertrauen sowie ein Sich-Wohlfühlen in der Welt hinweisen. Ist der Apollofinger jedoch länger, kann die Selbstachtung im entsprechenden Maß fehlen. Manchmal fehlt es dem Betreffenden dann auch an Selbstbehauptungswillen, und er wird von seinem Partner beherrscht. Doch diese Tendenz kann durch einen festen Marsberg modifiziert werden oder durch eine zu Beginn getrennte Kopf- und Lebenslinie.

Allgemein gesagt, sind Menschen mit einem gut geformten, kräftigen Apollofinger aufgeweckte, interessante Gefährten. Sie haben eine Vorliebe für schöne Kleider und passen sich gewöhnlich mühelos jeder Situation an. Bei einem geraden Apollo kann der Betreffende andere gewöhnlich gut beurteilen, und seine Beziehungen wurzeln in der Realität. Wenn sich der Apollo jedoch dem Saturn zuneigt, tendiert die Person dazu, andere zu überschätzen und enttäuscht zu sein, wenn diese den hohen Erwartungen nicht gerecht werden. Einigen Chirologen zufolge verweist ein Apollofinger, der sich stark dem Saturn zuneigt (aber nicht infolge von Arthritis oder Verletzung), auf einen Spieler oder zügellosen Menschen.

Eine spatelförmige Spitze des Apollofingers unterstreicht die Kommunikationsfähigkeiten und das Talent, leicht Kontakt zu finden, besonders in Gruppen. Dies trifft vor allem zu, wenn der Merkurfinger lang ist.

Merkur

Merkur war der Götterbote. Aus diesem Grund repräsentiert der kleine oder Merkurfinger die Fähigkeit, sich anderen mitzuteilen, sowohl in der Öffentlichkeit als auch in intimen Beziehungen. Idealerweise sollte er das oberste Glied des Apollofingers erreichen. Je länger der Finger, desto ausgeprägter die Kommunikationsfähigkeit. Menschen mit kurzem Merkurfinger haben oft Mühe, Verständnis für sich zu erwecken. In vielen Fällen erschwert dies die Herstellung und Aufrechterhaltung dauerhafter Beziehungen.

Ein gerader Merkurfinger signalisiert Ehrlichkeit, Vertrauenswürdigkeit und gelegentlich die Neigung zu Naivität in Beruf und Liebe. Bei einer leichten Biegung zum Apollo hin kommt ein gewisses Maß an Schlauheit und Diplomatie hinzu, während eine starke Biegung in Richtung Apollo (wiederum nicht durch Arthritis oder Verletzung verursacht) die Tendenz enthüllt, den Partner zu manipulieren oder sogar unehrlich zu sein. Biegt sich gleichzeitig der Jupiterfinger stark zum Saturn hin, besteht die Möglichkeit, daß die Person vor nichts zurückschreckt, um zu bekommen, was sie will.

Fingerabstand

Liegen die Finger bei geöffneter Hand eng aneinander, neigt der Betreffende ein wenig zu Lebensangst sowie zu einem Mangel an Selbstvertrauen und Unabhängigkeit. Je größer der Zwischenraum zwischen den Fingern, desto größer die Offenheit, Kühnheit und Unabhängigkeit.

Wenn der Jupiterfinger von der Hand absteht, sind Führungsqualität und Selbstvertrauen besonders groß. Ein solcher Mensch übernimmt in einer Beziehung gern die Verantwortung und trifft meist alle Entscheidungen. Der australische Chirologe Andrew Fitzherbert stellte fest, daß bei einem kurzen, vom Saturn abstehenden Jupiter die Tendenz besteht, Gefühle der Unzulänglichkeit und Unsicherheit zu verbergen, indem man in Gesellschaft die Aufmerksamkeit auf sich lenkt.

Ein breiter Zwischenraum zwischen dem Saturn- und dem Apollofinger kann Unkonventionalität anzeigen. In manchen Fällen offenbart er auch eine gespaltene Persönlichkeit, die es anderen sehr schwer macht, das wahre Naturell des Betreffenden zu erkennen.

Je breiter der Abstand zwischen Apollo und Merkur, desto unkonventioneller ist der Mensch in seinen Ansichten über Sexualität und Partnerschaft. Prüfen Sie die Hand auf andere Aspekte hin, die die festgestellten Eigenschaften bestätigen oder modifizieren.

Die Nägel

Die Fingernägel sind ebenfalls hilfreich bei der Bestimmung des Charakters und der Art, in der wir uns anderen mitteilen. Lange, breite und leicht gewölbte Nägel sind ein Zeichen für Offenheit, Weitherzigkeit und ein unkritisches Naturell. Lange, schmale Nägel künden – sofern sie nicht durch andere Merkmale der Hand modifiziert werden – von Mißtrauen, Selbstsucht und einer Neigung zu Engstirnigkeit und Berechnung. Kurze Nägel (nicht durch Nägelkauen) verraten einen kritischen Menschen, der nicht nur die Fehler anderer sieht, sondern oft auch die eigenen. Er sabotiert seine eigenen Talente und positiven Charakterzüge oder spielt sie herunter, während sie in Wirklichkeit verdienten, anerkannt und zum Ausdruck gebracht zu werden.

Die Nagelfarbe signalisiert in erster Linie die sexuelle Vitalität des Betreffenden. Menschen mit rötlichen Nägeln haben meist einen starken Sexualtrieb und sind am ehesten fähig, diese Leidenschaft auf rein körperliche Weise zu äußern. Doch sie neigen auch zu heftigen Zornesausbrüchen und müssen für ihre überschüssige Energie Ventile schaffen (andere als den Sex). Leuchtend rosarote Nägel modifizieren gewöhnlich diesen starken Geschlechtstrieb, ihre Besitzer tendieren mehr zu Ausgewogenheit zwischen der physischen und der emotionalen Äußerung von Liebe und Leidenschaft. Solche Nägel zeugen von guter Blutzirkulation, Körperwärme und einem extrovertierten, liebevollen Charakter.

Menschen mit bläulichen Nägeln sind (zumal wenn sie nicht über Kreislaufbeschwerden klagen) etwas kühl und reserviert, und es fällt ihnen schwer, ihre Zuneigung körperlich auszudrücken. Ihnen mangelt es nicht an Leidenschaft, aber sie brauchen oft etwas Zeit, um mit jemandem «warm zu werden».

Blasse Nägel indizieren – genau wie blasse Haut – geringe physische Vitalität und minimalen Sexualtrieb, es sei denn, sie werden durch andere Handmerkmale modifiziert.

4 Topographie der Hand I: Die Berge

Die Zonen und Berge der Hand sind den Gebirgen, Tälern und Ebenen der Erde vergleichbar. Sie offenbaren – gleich der Handform, der Biegsamkeit und den Fingern – viel über die Persönlichkeitsmerkmale, die angeborene Sexualenergie und die wichtigsten sexuellen Vorlieben eines Menschen.

Die Handfläche unterteilt sich in sechs Hauptzonen und acht Berge. Während die sechs Zonen eine allgemeine Orientierung in bezug auf latente Fähigkeiten und Ausdrucksvarianten geben, liefern die acht Berge speziellere Informationen, die wir für eine gründliche psychosexuelle Charakteranalyse benötigen.

Die Längszonen

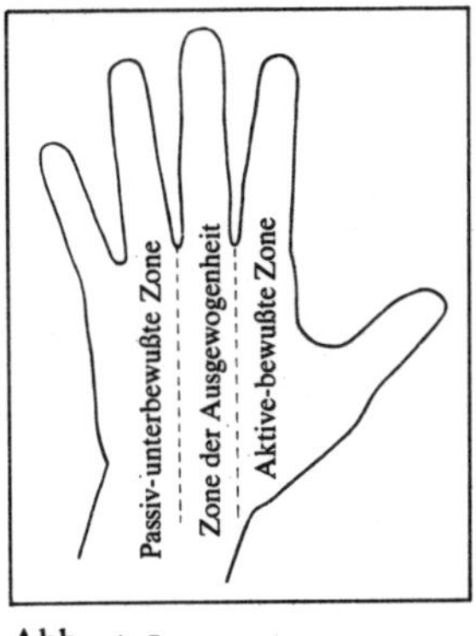

Abb. 4.1
Die Längszonen der Hand

Die drei Längszonen bilden sich, indem man eine imaginäre Linie von einem Punkt zwischen Zeige- und Mittelfinger zum Handgelenk und eine zweite imaginäre Linie von einem Punkt zwischen Mittel- und Ringfinger zum Handgelenk zieht, wie auf Abbildung 4.1. dargestellt.

Der erste Bereich, die *aktiv-bewußte* Zone, repräsentiert die Energie, die wir im Umgang mit der materiellen Welt bewußt einsetzen. Diese Zone veranschaulicht das Durchsetzungsvermögen des Ich im täglichen Leben, auf geistigem wie auf praktischem Gebiet. Sie ist die Region konkreten Faktenwissens und äußerer Betätigung und zeigt, wie wir unsere Prinzipien in unserer Arbeit und unseren zwischenmenschlichen Beziehungen zum Ausdruck bringen.

Die Zone auf dem gegenüberliegenden, äußeren Handdrittel repräsentiert unsere verborgene Energiereserve oder das *passive Unterbewußte*. Sie verdeutlicht eher unsere angeborene Kreativität, emotionale Bewußtheit und Instinktkapazität.

Die mittlere Zone oder *Zone der Ausgewogenheit* dient als «Treffpunkt» und «Schmelztiegel» der verschiedenen Energien. In dieser Zone finden wir oft die Saturnlinie oder Linie der Lebensaufgabe, die von der Handwurzel zum Mittelfinger aufsteigt. Sie kündet von unserer Karriere und unserer Tätigkeit und verrät, inwieweit wir unsere Aufgabe im Leben oder unseren Platz in der Welt gefunden haben.

Die Querzonen

Die drei Querzonen (Abbildung 4.2) bilden sich, indem man eine imaginäre horizontale Linie von der Daumenspitze zu einem Punkt unter der Fingerbasis und eine zweite imaginäre Linie direkt über dem Daumenballen quer über die Handfläche zieht.

Das erste Areal oder die *emotional-bewußte* Zone repräsentiert unsere aktive Verbindung mit unserer Umwelt. Je nach den Bergen, die in diesem Bereich liegen, ist es die Zone emotionalen Ausdrucks, der Anwendung von Macht, Inspiration, Ehrgeiz, künstlerischer Schöpferkraft und geschäftlichem Scharfsinn. Laut Walter Sorell besitzt dieses Handareal den feinsten Tastsinn und die stärkste Kraft, mit Gegenständen und Menschen Kontakt aufzunehmen.

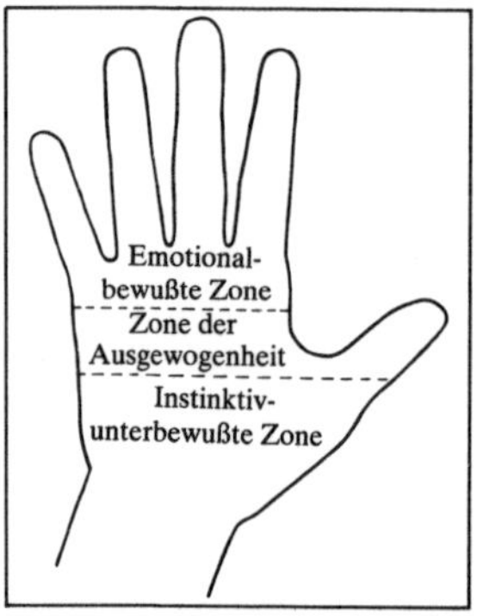

Abb. 4.2
Die Querzonen der Hand

Die untere Region oder *instinktiv-unterbewußte* Zone ist das Gebiet des Freudschen «Es» und unserer primären Motivationskräfte. Je nachdem, welche Berge in dieser Zone liegen, bezieht sie sich auf Intuition, Phantasie, Libido und unsere tiefsten, verborgensten Wünsche.

Gleich der oben erwähnten mittleren Längszone ist die mittlere Querzone die praktische Zone der *Ausge-*

wogenheit. Sie ist das Areal von Logik, gesundem Menschenverstand und Vernunft und repräsentiert das Verschmelzen von Denken und Fühlen. Diese Region filtert und absorbiert unsere unterbewußten Triebe und hilft ihnen, ihren konkreten Ausdruck zu finden. Sie verbindet unsere intellektuellen Fähigkeiten und Bestrebungen mit unseren körperlichen und instinktgesteuerten Trieben zu einem Ganzen.

Die Berge

Jeder Berg hat einen Namen (Abbildung 4.3) und charakterisiert die Art der Energie, die durch den betreffenden Handteil strömt. Gleich den Fingern (abgesehen vom Daumen) sind die Berge nach Planeten benannt, die wiederum Namen einer griechischen oder römischen Gottheit tragen. Sie repräsentieren Aspekte unseres Charakters, die durch diese mythologischen Wesen symbolisiert werden.

Die Kraft eines Berges hängt von seiner relativen Größe im Vergleich zu den anderen Bergen der Hand ab. Je direkter der Berg unter dem entsprechenden Finger liegt, desto größer sind seine Kraft und sein Einfluß auf unsere sexuelle Persönlichkeit. Die Lage des Bergs können Sie bestimmen, indem Sie seinen *Höhepunkt* suchen. Er befindet sich dort, wo die Hautlinienströme aufeinandertreffen und ein Dreieck bilden (Abbildung 4.4). Ist zum Beispiel der Höhepunkt des Saturnbergs zum Apolloberg hin verschoben, nimmt er einige Charakteristika dieses Berges an.

Man darf jedoch nicht vergessen, daß die Stärke jedes Berges durch andere Aspekte der Hand modifiziert werden kann, so durch die Form und Kraft des entsprechenden Fingers sowie durch die Klarheit und Kraft der Haupt- und Nebenlinien.

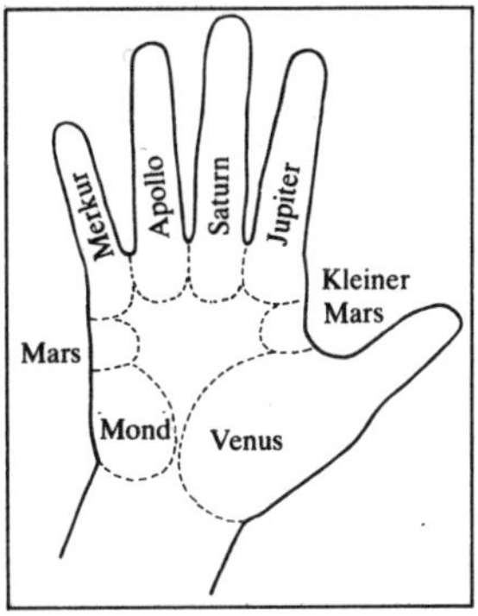

Abb. 4.3
Die Berge der Hand

Abb. 4.4
Der Höhepunkt des Berges

Jupiterberg

Wenn dieser Berg größenmäßig mit den anderen Bergen harmoniert, kündet er von einer guten Portion Selbstachtung und den positiven Aspekten Jupiters in zwischenmenschlichen Beziehungen: gesunder Selbstbehauptung, Idealismus, Hingabebereitschaft und dem Wunsch, auf andere zuzugehen und mit ihnen Kontakt aufzunehmen. Ist der Berg ungewöhnlich stark und erhöht, sind Ehrgeiz, Egoismus, Eitelkeit und Stolz dominierende Züge der Persönlichkeit. In Partnerbeziehungen neigt ein Mensch mit einem solchen Jupiterberg zu Arroganz und Herrschsucht, er besteht gern darauf, alle Entscheidungen für beide Partner zu treffen. Ist dieser Berg schwach ausgeprägt oder flach, hat der Betreffende wahrscheinlich kein sehr positives Selbstbild und es fehlt ihm auch an gesundem Selbstbehauptungswillen. Wenn nicht andere Aspekte der Hand modifizierend wirken, fühlt sich dieser Mensch in Gesellschaft meist unbehaglich und hat Mühe, neue Beziehungen zu knüpfen.

Saturnberg

Ein normal großer Saturnberg weist auf einen unabhängigen, verantwortungsbewußten Liebhaber hin, der fähig ist, sein Verlangen nach Alleinsein mit seinem Bedürfnis nach Gesellschaft in Einklang zu bringen. Treue, Beständigkeit, Introspektion, Vorsicht und Analyse sind einige der Schlüsselworte für Besitzer eines normalen Saturnbergs.

Ein stark entwickelter oder großer Berg kann diese grundlegenden Eigenschaften verzerren, besonders wenn andere Handmerkmale hinzukommen. Vorsicht kann dann zu ängstlicher Zurückgezogenheit werden, und gesunde Introspektion zu übermäßigem analytischen Denken und übertriebener Selbstversunkenheit ausarten. Einen starken Saturnberg findet man bei Menschen, die – sofern ihn nicht andere Faktoren wie eine biegsame Hand oder ein elastischer

Daumen modifizieren – im Umgang mit anderen steif, schweigsam und abweisend sind.

Apolloberg

Gleich dem entsprechenden Finger signalisiert der Apolloberg Schöpferkraft und Ausdrucksfähigkeit. Ein mittelgroßer Berg offenbart Schönheitsliebe und das Talent, etwas Neues zu schaffen. Diese Kreativität kann sich auf allen möglichen Gebieten entfalten – beim Malen von Bildern, der Beherrschung eines Musikinstruments, aber auch beim Kochen, in der Führung eines Haushalts oder beim Liebesakt. Allgemein gesprochen, verstehen es Menschen mit einem guten Apolloberg, sich anzuziehen, sie haben Stilgefühl, sind die geborenen Unterhalter und charmante, interessante Gefährten sowie begehrte Sexpartner. Prüfen Sie den Venusberg im Hinblick auf unterstützende oder modifizierende Faktoren.

Wie beim Jupiter- und Saturnberg kann auch beim Apolloberg übertriebene Größe die grundlegenden «Kern»-Eigenschaften verstärken oder verzerren. Ein sehr starker Apolloberg deutet darauf hin, daß der Betreffende vorwiegend an Vergnügen, Reichtum oder Ruhm interessiert ist. Aus großer Schönheitsliebe kann dann Oberflächlichkeit werden, ein Jagen nach dem bloßen äußeren Schein, und der natürliche Wunsch, gut auszusehen und angenehm zu leben, kann umschlagen in Eitelkeit und Zügellosigkeit.

Wenn der Berg schwach ausgeprägt ist, dürfte es der Person an den wichtigen apollinischen Eigenschaften fehlen. Das Leben eine solchen Menschen ist dann nicht besonders aufregend und von Schönheit bestimmt, sondern vermutlich asketisch, langweilig und fade. Schwache Ausgeprägtheit des Apollobergs kann auch geringe körperliche Energie und folglich einen reduzierten Sexualtrieb anzeigen.

Merkur war der Götterbote, deshalb indiziert der unter dem kleinen Finger liegende Merkurberg die Kommunikationsfähigkeit. Ein gut entwickelter Berg signalisiert Redegewandtheit und das Talent, sich einzelnen Personen ebenso wie Gruppen leicht mitteilen zu können. Genau wie ein langer, schön entwickelter Merkurfinger, so steigert auch ein ebenmäßiger, voller Berg unsere Fähigkeit, mit dem Partner auf verbaler, emotionaler und sexueller Ebene zu kommunizieren. Ein kleiner, flacher Merkurberg (besonders wenn damit ein kurzer Finger einhergeht) kann unsere Kommunikationsfähigkeit einschränken, vor allem in einer Liebesbeziehung.

Merkurberg

Kleine, senkrechte Linien auf dem Merkurberg werden *Samariterlinien* genannt (Abbildung 4.5). Man findet sie oft in den Händen von Ärzten, Therapeuten und anderen Vertretern «helfender Berufe». Sie zeigen eine natürliche Heilbegabung auf physischer wie emotionaler Ebene an. Menschen, deren Hände Samariterlinien aufweisen, sind in Partnerschaften fürsorglich und umhegend; oft ziehen sie Menschen an, die instinktiv ihre Hilfe suchen.

Abb. 4.5
Samariterlinien auf dem Merkurberg

Die Hand besitzt zwei Marsberge, und beide repräsentieren die dynamischen, egoistischen, nach Trennung strebenden Aspekte der menschlichen Persönlichkeit. Sie künden von unserem Wunsch zu überleben, Erfolg zu haben und Hindernisse oder Schwierigkeiten zu überwinden.

Marsberge

Der eigentliche *Marsberg* liegt unter dem Merkurberg und symbolisiert Entschlossenheit und Widerstandskraft. Ist er gut geformt und fühlt sich fest an, verrät er Mut und Tapferkeit. Besitzer eines solchen Berges hassen es, von anderen manipuliert oder in irgendeiner Weise «herumgeschubst» zu werden. Menschen mit kleinen oder weichen Marsbergen fällt es oft schwer, in einer Beziehung auf ihren Rechten zu bestehen. Sie neigen dazu, sich von ihren Partnern beherrschen zu lassen, besonders wenn ihre Hände und Daumen biegsam und von weicher oder schlaffer Beschaffenheit sind.

Im Gegensatz zum Marsberg, der passive Widerstandskraft symbolisiert, signalisiert der *Kleine Marsberg* die aktiveren, nach außen gerichteten Marseigenschaften Mut und Durchsetzungsvermögen. Er liegt zwischen dem Jupiterberg und dem Venusberg (siehe weiter unten) und erscheint manchmal als kleines Polster oder kleine Schwellung innen im Daumengelenk. Ein gut geformter Berg indiziert die Fähigkeit, sich den Herausforderungen des Lebens zu stellen und gegenüber anderen Menschen die Initiative zu ergreifen.

Ist der Berg groß und hart, besitzt der Betreffende neben starken sexuellen Leidenschaften ein heftiges Temperament. Hat dieser Berg eine rötliche Färbung und befindet er sich auf einer Hand mit grober Hautstruktur, zeigt er eine Tendenz zu Gewalttätigkeit an, die sich gegen den Ehepartner und die Kinder richten kann. Ein kleiner oder schwach ausgeprägter Berg (der kaum zu sehen ist) weist auf einen im wesentlichen ruhigen, passiven und zurückhaltenden Menschen hin, der nur selten auf andere wütend wird.

Venusberg

Dieser nach der Liebesgöttin benannte Berg ist in der Hand der Hauptindikator für Liebe, Leidenschaft und Sexualtrieb. Er gibt Aufschluß über die Vitalität eines Menschen und seine Fähigkeit zu Freundschaft und Liebe.

Idealerweise umfaßt der Venusberg den gesamten Daumenballen und wird von einer weit geschwungenen Lebenslinie umschlossen. Er sollte etwa ein Drittel der Handfläche einnehmen und weder zu hart noch zu weich sein, sondern glatt und fest, höher als die anderen Berge und von leicht rosiger Farbe. Ein solcher Berg signalisiert Lebenskraft, Wärme und Leidenschaftlichkeit sowie eine starke Fähigkeit, Liebe zu geben und zu empfangen.

Ist der Venusberg unverhältnismäßig groß im Vergleich zu den anderen Bergen (Abbildung 4.6), herrschen ein Übermaß an physischer Leidenschaft und großer Appetit auf Sex. Hat der Berg außerdem eine rötliche Färbung und faßt er sich hart an, kann diese Leidenschaftlichkeit leicht in Aggression und Brutalität ausarten, besonders bei grober Hautstruktur.

Abb. 4.6
Ein sehr großer, hervortretender Venusberg

Ein kleiner, flacher oder schwach ausgebildeter Venusberg enthüllt mangelnde Vitalität und geringe physische Leidenschaft. Ein solcher Mensch neigt ein wenig zu Kraftlosigkeit und Kühle, vor allem wenn der Berg von der Lebenslinie (die an der Handkante zwischen Daumen und Jupiterfinger beginnt und in einem Bogen zum Handgelenk hinunterschwingt) durchschnitten wird. Die Größe dieses Berges kann sich allerdings immer wieder ändern. Eine leidenschaftliche Liebesaffäre läßt ihn erwiesenermaßen «anschwellen», während er in längeren Perioden der Einsamkeit «schrumpft».

Mondberg

Der gegenüber dem Venusberg oberhalb des Handgelenks liegende Mondberg repräsentiert die passiven, rezeptiven und emotionalen Aspekte der Persönlichkeit. Er ist Sitz der unterbewußten Empfindungen und unbewußten Triebe, des Instinkts und der Phantasie.

Idealerweise sollte dieser Berg breit sein und eine leicht gerundete Form haben. Menschen mit einem mäßig großen, gerundeten Mondberg lassen sich in ihren Beziehungen mehr von Instinkten als von vernunftbetonten Überlegungen leiten, besonders wenn auf dem Berg kleine Intuitionslinien schräg zur Handmitte hin aufsteigen.

Je kräftiger und erhöhter der Berg ist, desto stärker

sind Phantasie und unterbewußte Triebe, vor allem bei einer zum Mondberg hin absinkenden Kopflinie. Ein großer, prominenter Mondberg kann auch den intensiven Wunsch widerspiegeln, andere zu umhegen und zu beschützen, zumal wenn die oben erwähnten Samariterlinien (Abbildung 4.5) vorhanden sind.

Kommt jedoch zu einem großen Mondberg ein langer, starker Jupiterfinger, kann es sein, daß sich die Beschützerinstinkte der betreffenden Person in dem Wunsch äußern, andere «zu ihrem Wohl» zu beherrschen. Ist der Berg schwach ausgeprägt oder fehlt er, neigt die Person dazu, realistisch bis zur Phantasielosigkeit oder gar Langweiligkeit zu sein. Bei einem außerdem noch kleinen Berg besteht die Tendenz, sich dem Partner gegenüber reserviert und gleichgültig zu verhalten. Auf jeden Fall sollten Sie jedoch die ganze Hand auf bestätigende oder modifizierende Faktoren hin untersuchen.

5 Topographie der Hand II: Die Linien

Die Linien auf der Handfläche können mit den Autobahnen, Fern- und Landstraßen auf einer Karte verglichen werden. Sie zeigen die uns zur Verfügung stehenden wichtigen Talente und Energien, unsere Fähigkeit, sie im Leben zu äußern, und die wahrscheinlichen Richtungen, in die sie uns führen werden. Im Grunde bilden die Handlinien eine natürliche Landkarte unseres Lebenslaufs, der gelegentliche, dem freien Willen unterliegende Umwege und Richtungswechsel gestattet.

Die Linien in der Hand können sich binnen weniger Wochen verändern, doch die meisten Veränderungen erfolgen etwa im Jahresrhythmus. Auf die Linien wirken sich sowohl Änderungen in der Denkweise wie auch im Verhalten aus. Wenn man Meditieren lernt, mit dem Rauchen aufhört oder mehr Zeit und Energie darauf verwendet, eine Partnerschaft erfolgreich zu gestalten, können die Handlinien entsprechend dramatisch reagieren. Für Menschen, die ihre Möglichkeiten voll entfalten wollen – sei es beruflich, gesundheitlich oder in den zwischenmenschlichen Beziehungen –, können die Informationen, die die sich ständig verändernden Linien vermitteln, sehr wertvoll und aufregend sein. Die Linien zeigen, daß wir tatsächlich «Herren unseres Schicksals» sind, daß wir die persönliche Verantwortung für unser Leben und dessen Gestaltung und Ausrichtung übernehmen können.

Idealerweise sollten die Linien klar, gut gezeichnet und von einer Färbung sein, die jener der Haut entspricht. Tiefe und Breite der Linien sollten gleichmäßig sein. Eine besonders tiefe Linie signalisiert ein Übermaß an Energie, während eine breite, flache

Qualität und Quantität der Linien

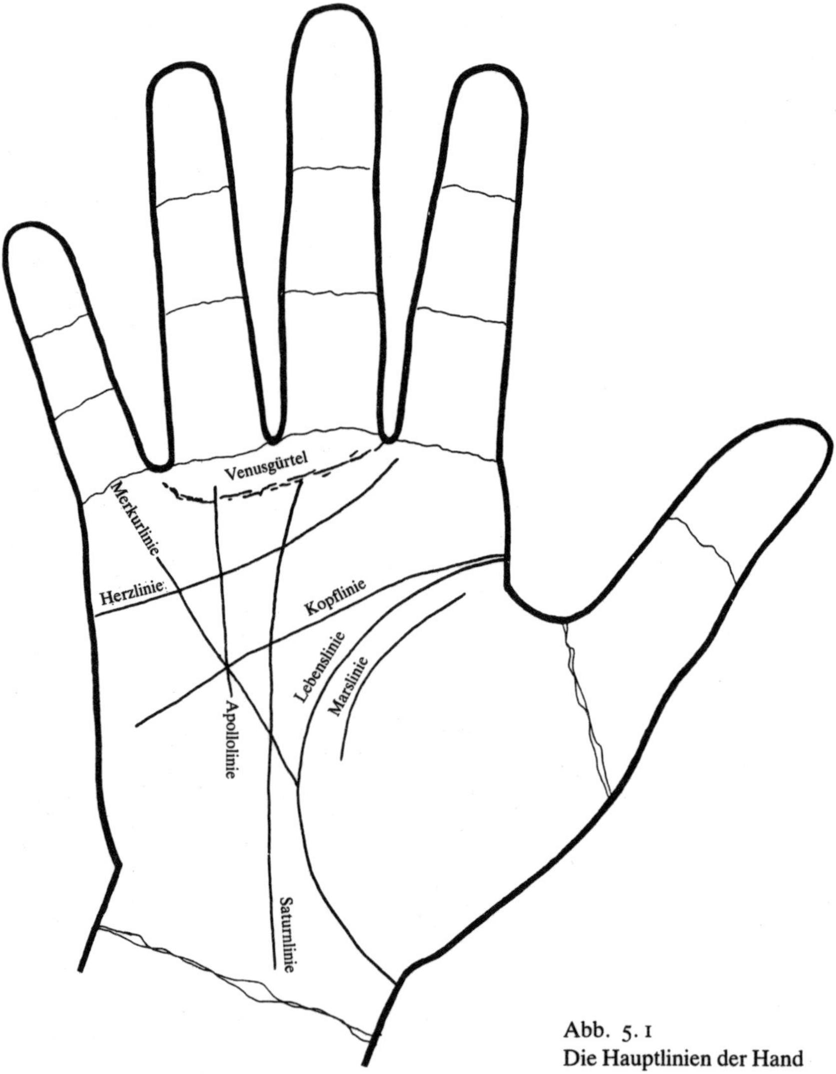

Abb. 5.1
Die Hauptlinien der Hand

Linie mangelnde Kraft und Konzentration offenbart. Allgemein gilt: Je stärker die Linie, desto stärker ihr Einfluß.

Auch die Zahl der Linien auf der Handfläche ist von Bedeutung. Eine Fülle an Linien kündet von

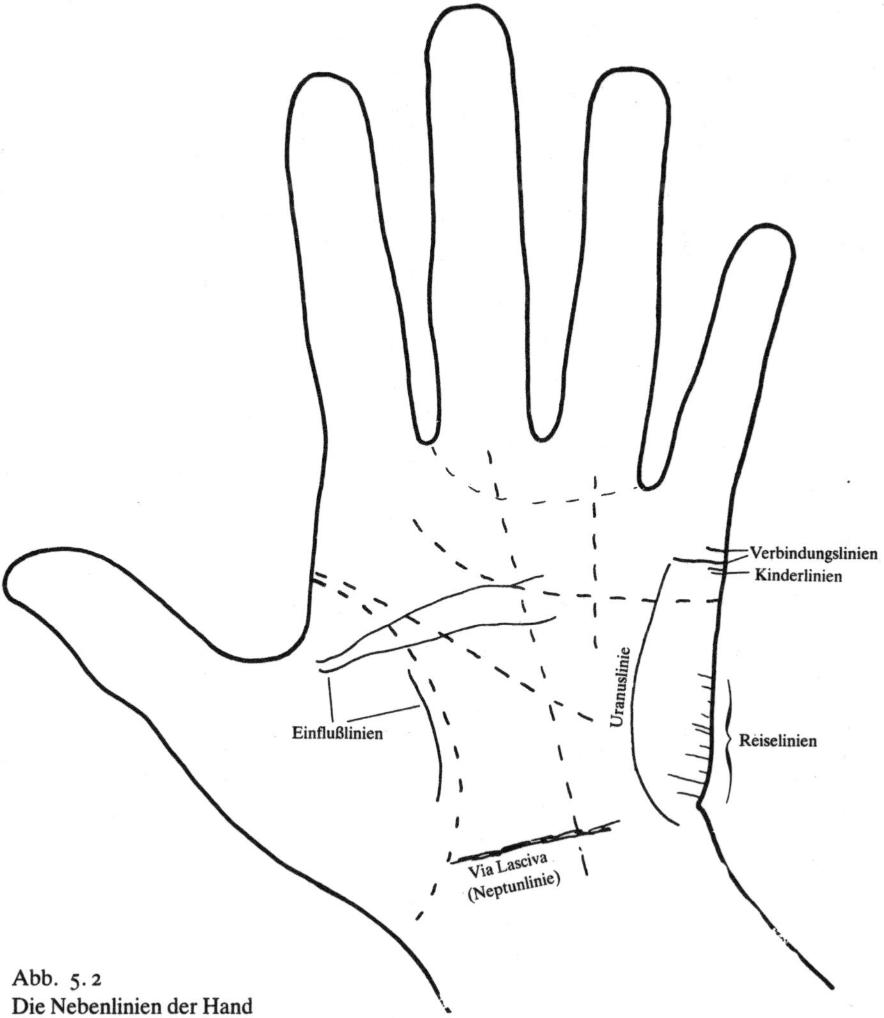

Abb. 5.2
Die Nebenlinien der Hand

Überempfindlichkeit und Nervosität, kann aber auch indizieren, daß die Person über viele Mittel und Wege verfügt, um ihre Talente zum Ausdruck zu bringen. Eine Hand mit wenig Linien verweist auf geringe Sensibilität und nur wenige fundamentale Kanäle für den Lebensausdruck.

Auf der Handfläche gibt es vier Hauptlinien und neun Nebenlinien, wie die Abbildungen 5.1 und 5.2 zeigen. Im Rahmen unserer chirologischen Untersuchungen hinsichtlich Sex und zwischenmenschliche Beziehungen interessieren uns vor allem jene Linien, die aufschlußreiche Informationen über unsere sexuelle Persönlichkeit geben und Faktoren aufzeigen, die uns helfen, deren Ausdruck zu bestimmen.

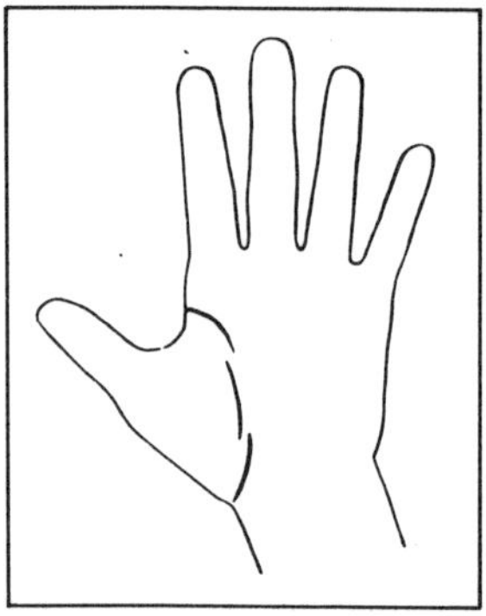

Abb. 5.3
Zersplitterte/unterbrochene Li

Bevor wir jedoch diese Linien genauer unter die Lupe nehmen, müssen wir uns mit einigen wichtigen Formen vertraut machen:

Zersplittern oder *Brechen* einer Linie (Abbildung 5.3) zerstreut ihre Kraft und Konzentriertheit. In manchen Fällen weist eine Unterbrechung aber auch auf eine neue Phase im Leben des Betreffenden hin, muß darum also nicht unbedingt ein negatives Zeichen sein.

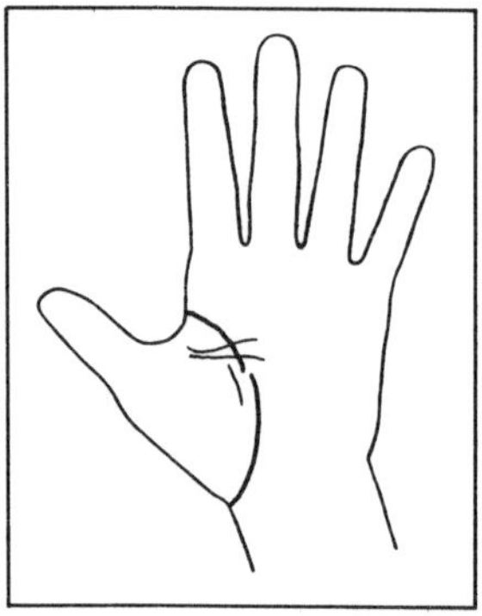

Abb. 5.4
Einflußlinien

Einflußlinien (Abbildung 5.4) sind kleine Linien, die parallel zu den Hauptlinien verlaufen oder sie kreuzen. Einflußlinien, die parallel zu vertikalen Linien verlaufen, verstärken diese. In vielen Fällen reparieren sie eine Unterbrechung oder verstärken einen Linienabschnitt, der Inseln aufweist oder gekettet ist. Einflußlinien gehen auch vom Venusberg aus. Sie indizieren, allgemein gesprochen, Hindernisse, Traumen und Zeiten der Prüfung. Ihre Bedeutung ist jedoch nicht immer negativ; sie verweisen oft auf Ereignisse, die Weisheit und Lebenserfahrung bringen. Wenn sich an der Stelle, an der Einflußlinien eine Linie (gewöhnlich die Lebens- und/oder die Kopflinie) kreuzen, ein roter Punkt gebildet hat, droht eine schwere Krankheit oder ein Unfall. Dies gilt auch, wenn der Kreuzungsstelle eine Insel oder eine

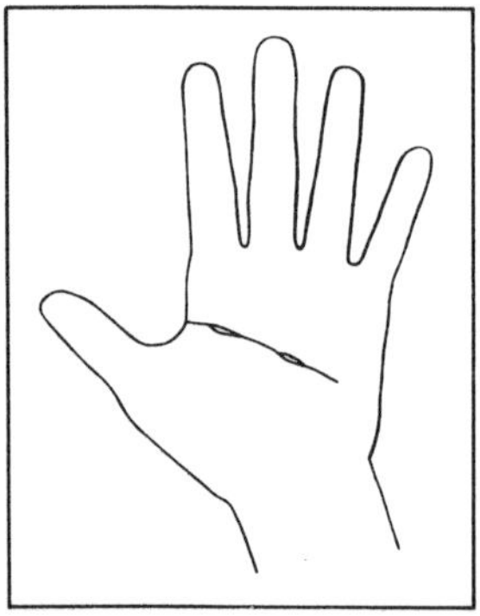

Abb. 5.5
Inseln

Unterbrechung folgt. Prüfen Sie andere Linien auf bestätigende oder modifizierende Anzeichen hin.

Inseln (Abbildung 5.5) entstehen, wenn sich eine Linie spaltet und später wieder vereinigt. Sie beeinträchtigen die Stärke der Linie und zeigen fehlende Konzentriertheit oder Zerstreuung von Energie an.

Eine *Kette* (Abbildung 5.6) besteht aus vielen aneinandergereihten Inseln und deutet auf eine längerdauernde Periode der Unentschlossenheit und zerstreuter Energie hin. Die Linie als Ganze wird dadurch geschwächt.

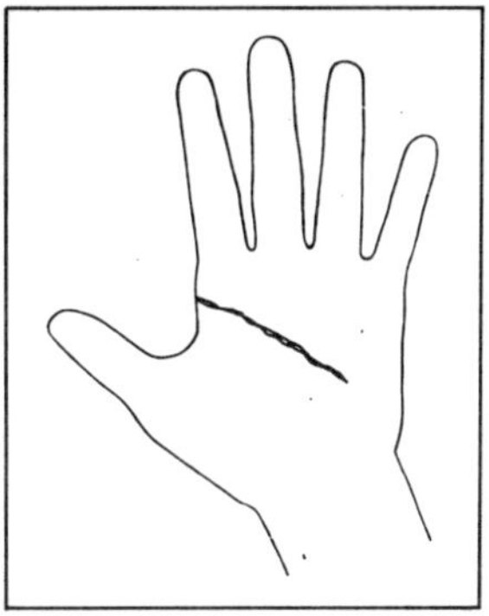
Abb. 5.6
Eine kettige Linie

Eine *Gabel* (Abbildung 5.7) tritt am Ende einer Linie auf, wenn diese sich spaltet. Je nachdem, wo sie sich befindet, kann sie entweder Zerstreuung der von der Linie repräsentierten Grundenergien oder Ausgeglichenheit und Anpassungsfähigkeit signalisieren.

Ein *Punkt* (Abbildung 5.8) erscheint als leichte, farbige Vertiefung auf der Linie. Die Existenz eines Punktes offenbart je nach Farbe und Lage einen physischen oder emotionalen Rückschlag.

Ein *Gitter* (Abbildung 5.9) wird von zahlreichen feinen, einander überschneidenden Linien gebildet. Im allgemeinen verweist es auf vergeudete oder zerstreute Energie. Ein Gitter auf dem Venusberg enthüllt die Neigung zu sexuellen Exzessen, besonders bei rötlicher Färbung des Berges.

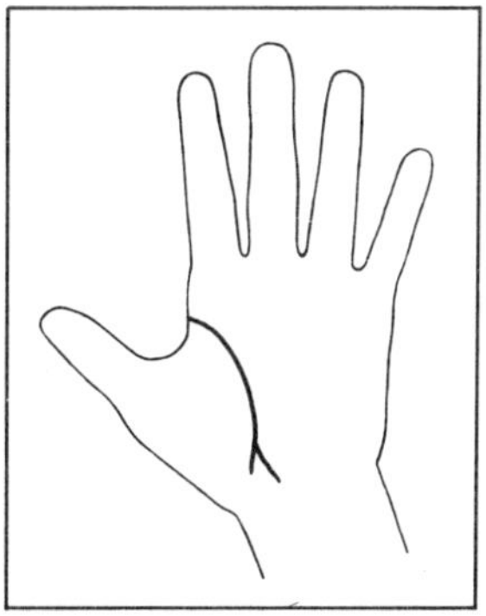
Abb. 5.7
Eine gegabelte Linie

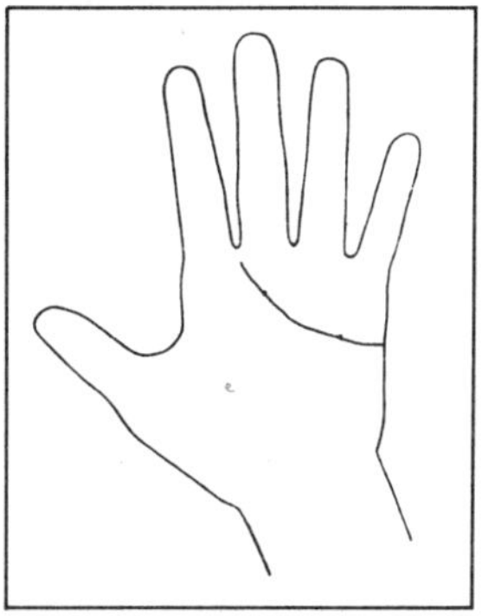
Abb. 5.8
Eine «gepunktete» Linie

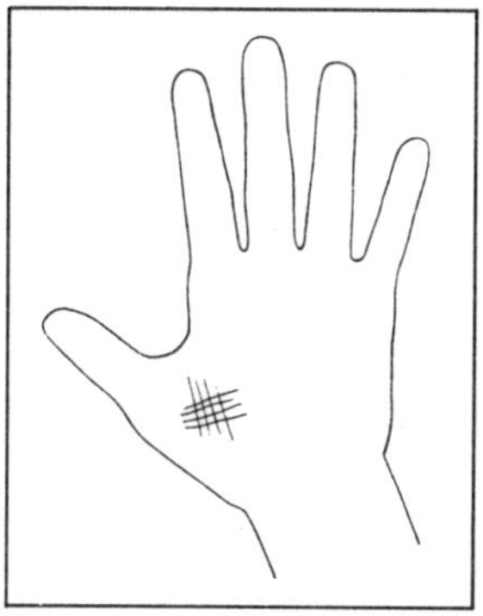
Abb. 5.9
Linien bilden ein «Gitter»

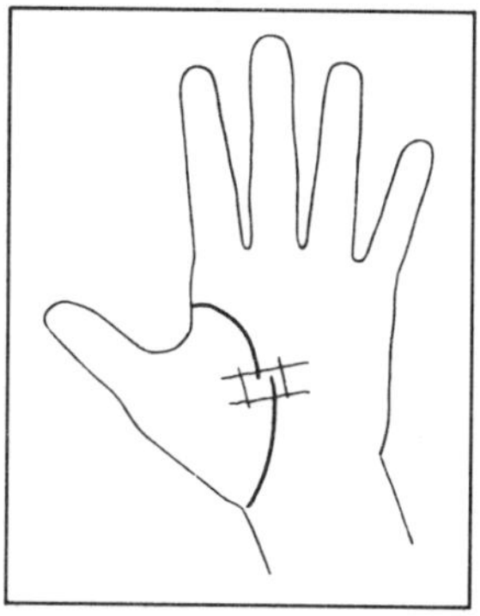
Abb. 5.10
Linien bilden ein «Viereck»

Ein *Viereck* (Abbildung 5.10), das von vier unabhängigen, rechtwinkelig aufeinandertreffenden Linien gebildet wird, ist ein Zeichen für Schutz und Bewahrung und repariert oft eine gebrochene Linie.

Die Lebenslinie

Die große Hauptlinie der Hand ist die *Lebenslinie*. Sie beginnt am Handrücken zwischen Daumen und Jupiterfinger und verläuft in einem Abwärtsbogen um den Venusberg. Abbildung 5.11 zeigt, wie man an der Lebenslinie und an anderen Hauptlinien der Hand die Jahre messen kann.

Die Lebenslinie veranschaulicht die Stärke unserer physischen Konstitution sowie den Grad unserer Lebens- und Sexualkraft. Sie signalisiert auch Krankheitsperioden, Unfälle und andere Ereignisse im Leben, die Einfluß auf unsere Beziehungen oder unsere sexuellen Ausdrucksmöglichkeiten haben können. Außerdem offenbart sie die *wahrscheinliche* Lebensdauer, vor allem wenn man ihre Länge mit jener der anderen Hauptlinien vergleicht.

Je tiefer und stärker die Lebenslinie, desto größer sind, allgemein gesprochen, Widerstandskraft und Sexualenergie. Inseln auf der Lebenslinie können Perioden schwacher oder gestörter Sexualpotenz als Folge physischer oder psychischer Ursachen anzeigen. Einflußlinien sagen das gleiche aus, wenn sie die Lebenslinie kreuzen, besonders wenn sie an der Kreuzungsstelle einen roten oder blauen Punkt verursachen. Ein solcher Punkt verweist auf ein Problem physischen Ursprungs, beispielsweise eine Krankheit, einen Unfall oder eine Operation. Erscheint an der Stelle, wo die Einflußlinie die Lebenslinie schneidet, kein Punkt, ist das Problem eher im psychischen Bereich zu suchen. Von der Lebenslinie ausgehende Äste können Perioden physischer oder sexueller Schwäche sichtbar machen.

Abb. 5.11
Zeitmessung auf den Hauptlinien der Hand

Ist die Lebenslinie lang und kräftig, dürfte sich der Handbesitzer bis ins hohe Alter guter Gesundheit und sexueller Potenz erfreuen. Wird die Linie schwach, nimmt höchstwahrscheinlich die Energie des Betreffenden ab und sein Interesse an sexueller Betätigung läßt nach.

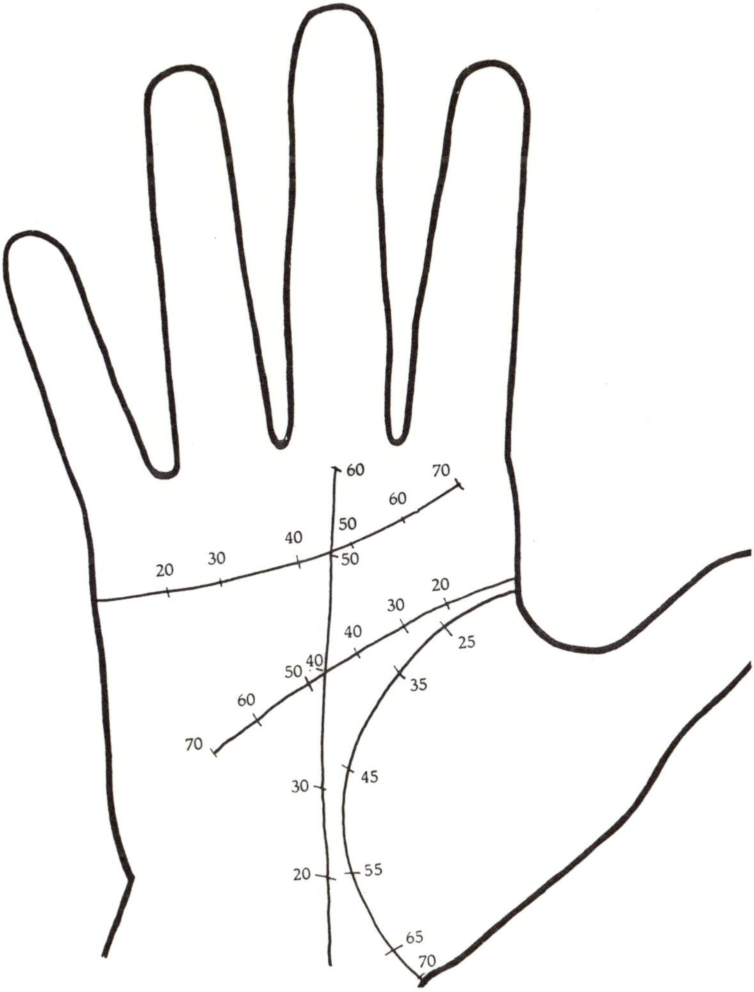

Eine vom sexuellen Standpunkt aus «ideale» Lebenslinie umrundet den Venusberg in einem großzügigen Bogen, der starke Liebesfähigkeit und gesundes Interesse am Sex offenbart. Durchschneidet die Lebenslinie den Venusberg und verkleinert ihn auf diese Weise, besteht die Tendenz zu sexueller Kälte. Bewegt sich die Lebenslinie zum Mondberg hin, neigt der Mensch zu großer Rastlosigkeit und kann Mühe haben, sich mit einer einzigen Person «einzurichten».

Die Herzlinie

Die obere Horizontale oder *Herzlinie* ist für uns von besonderem Interesse, denn sie stellt unser Gefühlsbarometer dar. Sie signalisiert nicht nur die Intensität und Qualität unserer Gefühle, sondern zeigt auch den Grad unserer Sensibilität und unserer Fähigkeit zu Liebe und Zuneigung an. Diese Linie ist der Hauptindikator der Stärke, Richtung und Äußerung unseres sexuellen Verlangens.

Die «ideale» Herzlinie (Abbildung 5.12) ist glatt, von guter Färbung und relativ frei von Inseln und Brüchen. Sie beschreibt einen leichten Aufwärtsbogen und bewegt sich von ihrem Beginn unter dem Merkurfinger zu einem genau gleich weit von Jupiter- und Saturnfinger entfernten Punkt, was eine glückliche Balance zwischen Kopf und Herz ausdrückt. An ihrem Ende befinden sich zwei oder drei kleine Äste, die Ausgewogenheit zwischen gesundem Menschenverstand, physischer Leidenschaft und romantischen Gefühlen aufzeigen.

Eine gerade Herzlinie (Abbildung 5.13) offenbart einen eher geistig orientierten Typ Liebhaber. Phantasien, Bilder und Romantik sind für ihn wichtige Aspekte der Sexualität, die vorwiegend rezeptiver Natur ist. Ein intimes Essen mit Sekt, Kerzen und leiser Musik wäre ein ideales Präludium zu leidenschaftlichem Sex, der sich am günstigsten in einem komfortablen, stillen Schlafzimmer bei diskreter Hintergrundmusik und auf Satinlaken abspielen sollte.

Bewegt sich die Herzlinie stark nach oben (Abbildung 5.14), dominiert eine eher physische oder instinktbetonte Sexualität. Menschen mit einer solchen Linie ziehen «ungestümere» Praktiken vor; sie entschließen sich beispielsweise plötzlich zum

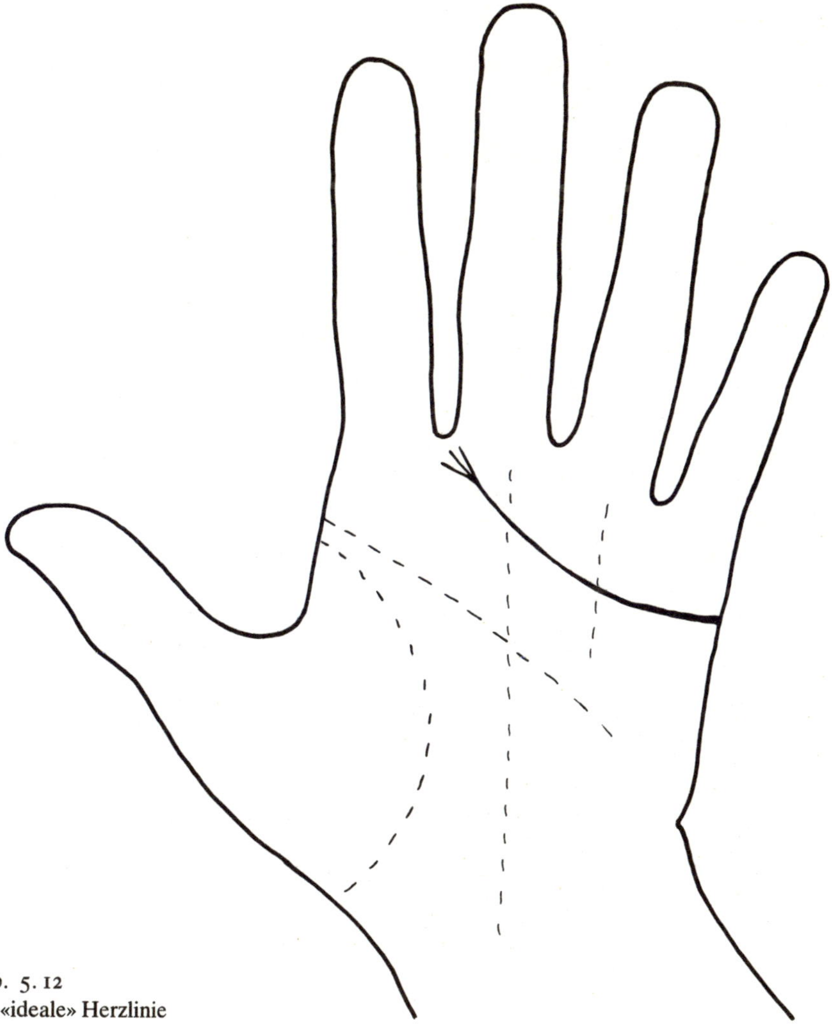

Abb. 5.12
Die «ideale» Herzlinie

«Liebemachen» auf dem Küchentisch oder auf dem Rücksitz eines Autos.

Dies heißt freilich nicht, daß Menschen mit «geistigen» Herzlinien Sex im Auto strikt ablehnen würden oder daß jene mit «physischen» Herzlinien Sex in einer romantischen, intimen Umgebung nicht genössen. «Geistige» und «physische» Herzlinien kenn-

Abb. 5.13
Eine gerade Herzlinie

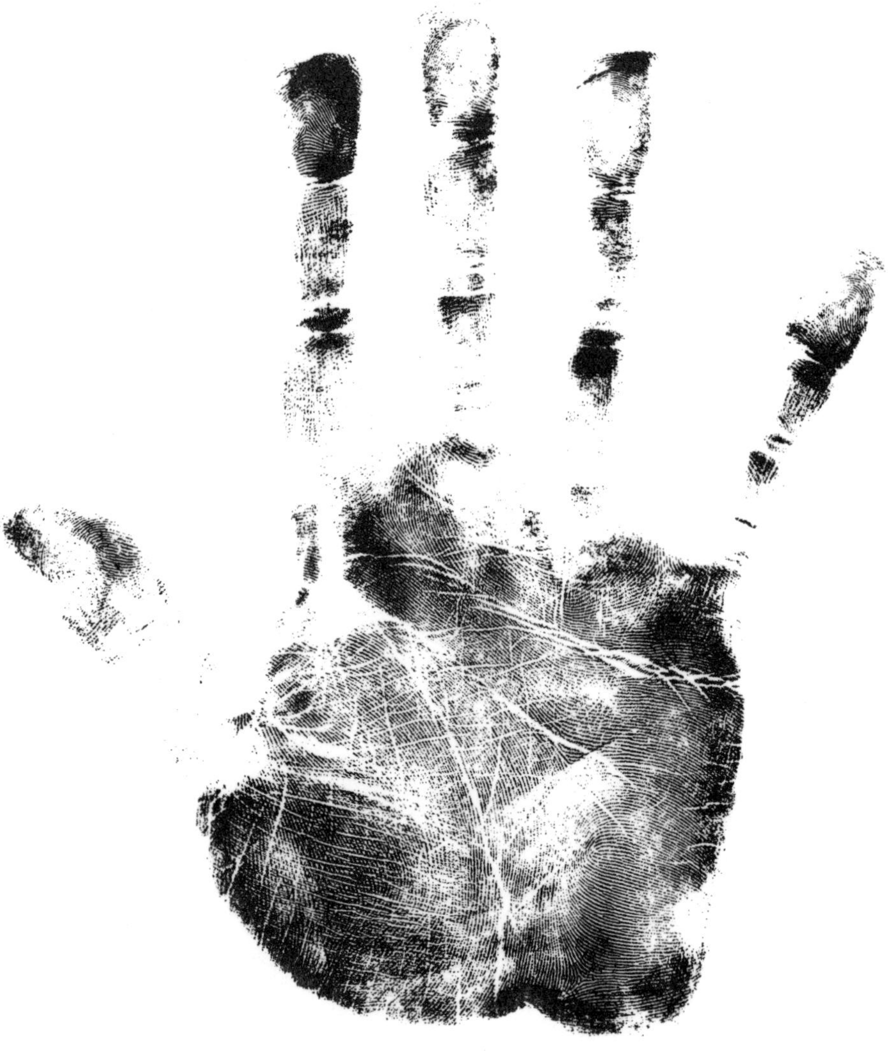

zeichnen jedoch zwei verschiedene Typen von Liebhabern, die sich vorwiegend von einem intellektuell-rezeptiven oder einem physisch-aktiven «way of sex» angezogen fühlen.

Wichtige Charakteristika der Herzlinie sind unter anderem:

Endung unter dem Saturn (Abbildung 5.15): Vor-

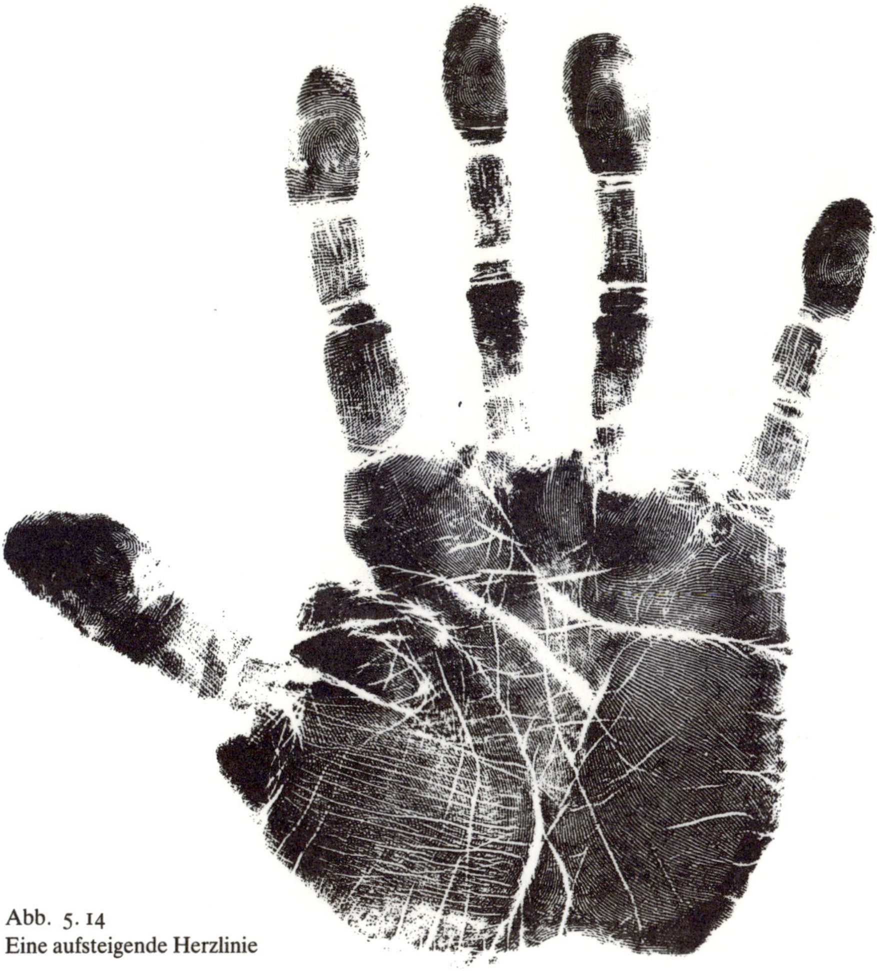

Abb. 5.14
Eine aufsteigende Herzlinie

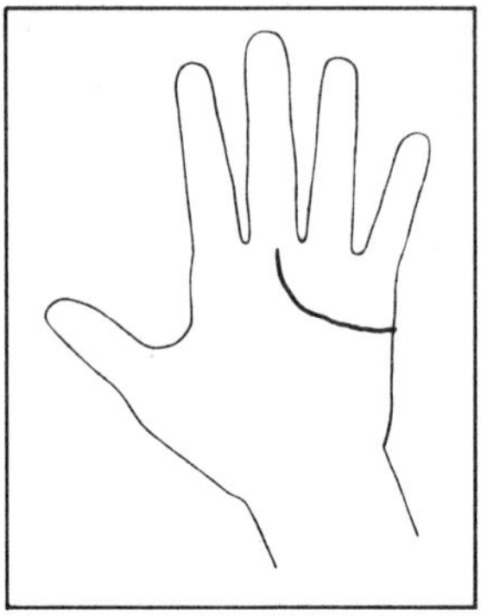

Abb. 5.15
Herzlinie endet unter dem Saturn

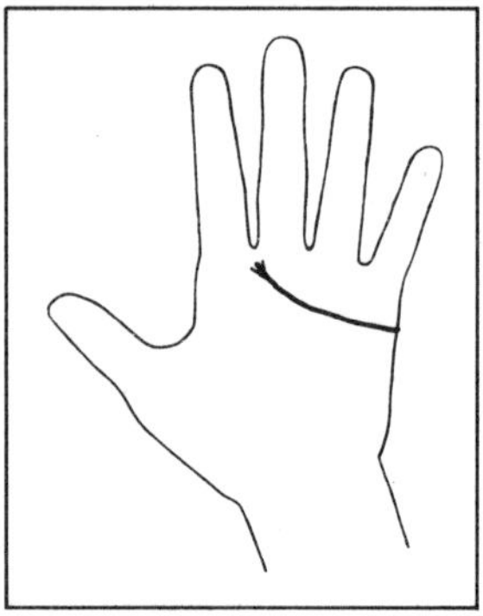

Abb. 5.16
Herzlinie endet zwischen Saturn und Jupiter

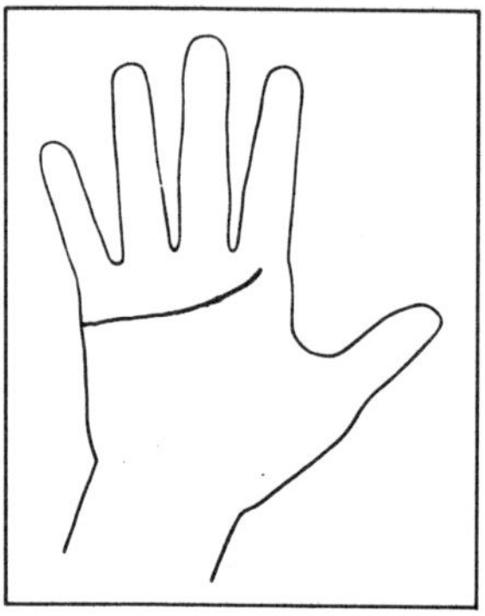

Abb. 5.17
Herzlinie endet unter dem Jupiter

herrschaft einer physisch ausgerichteten Sexualität; der Betreffende wird in Liebesbeziehungen mehr vom Kopf als vom Herzen geleitet; er kann emotional blockiert sein; starke sexuelle Instinkte.

Endung zwischen Saturn und Jupiter (Abbildung 5.16): Ausgewogenheit zwischen Verstand und Gefühlen; warmherzig, großzügig, mitfühlend.

Endung unter dem Jupiter (Abbildung 5.17): Idealistisch; stärker vom Herzen als vom Kopf bestimmt; die sexuellen Triebe sind mehr emotionaler Natur; ein romantischer, poetischer und hingebungsvoller Typ von Liebhaber.

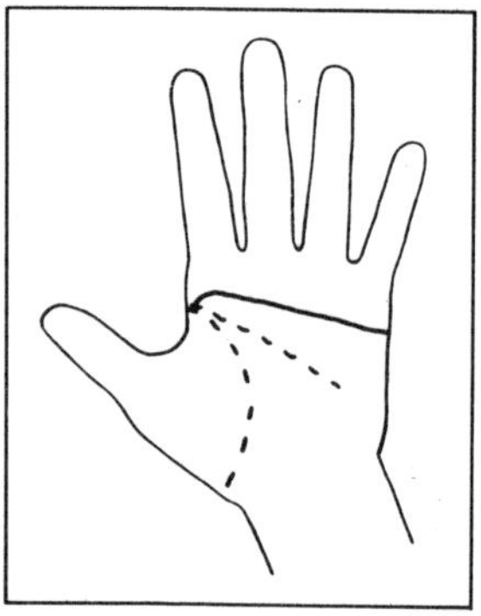

Abb. 5.18
Herzlinie neigt sich zur Kopf- und zur Lebenslinie

Abwärtsneigung zur Kopf- und zur Lebenslinie (Abbildung 5.18): Heftige Konflikte zwischen Herz und Kopf; starke Emotionen; es fällt der Person leichter, die ganze Menschheit zu lieben als einzelne Menschen.

Kettige Herzlinie (Abbildung 5.19): Hochgradige Sensibilität; leicht verletzt durch Worte und Taten anderer. Verlangen nach intimem Kontakt bei gleichzeitiger Angst vor Bindung; Neigung zu Promiskuität.

Äste: Rezeptives Naturell.

Verbindungslinie zwischen Herz- und Kopflinie (Abbildung 5.20): Ausgewogenheit zwischen Gefühlen und Intellekt.

Großer Abstand zwischen Herz- und Kopflinie (Abbildung 5.21): Weitherzig, unkonventionelle Ansichten über Sex; impulsiv und ungeduldig, besonders wenn Lebens- und Kopflinie getrennt sind. Teilt Probleme und Gefühle mit anderen.

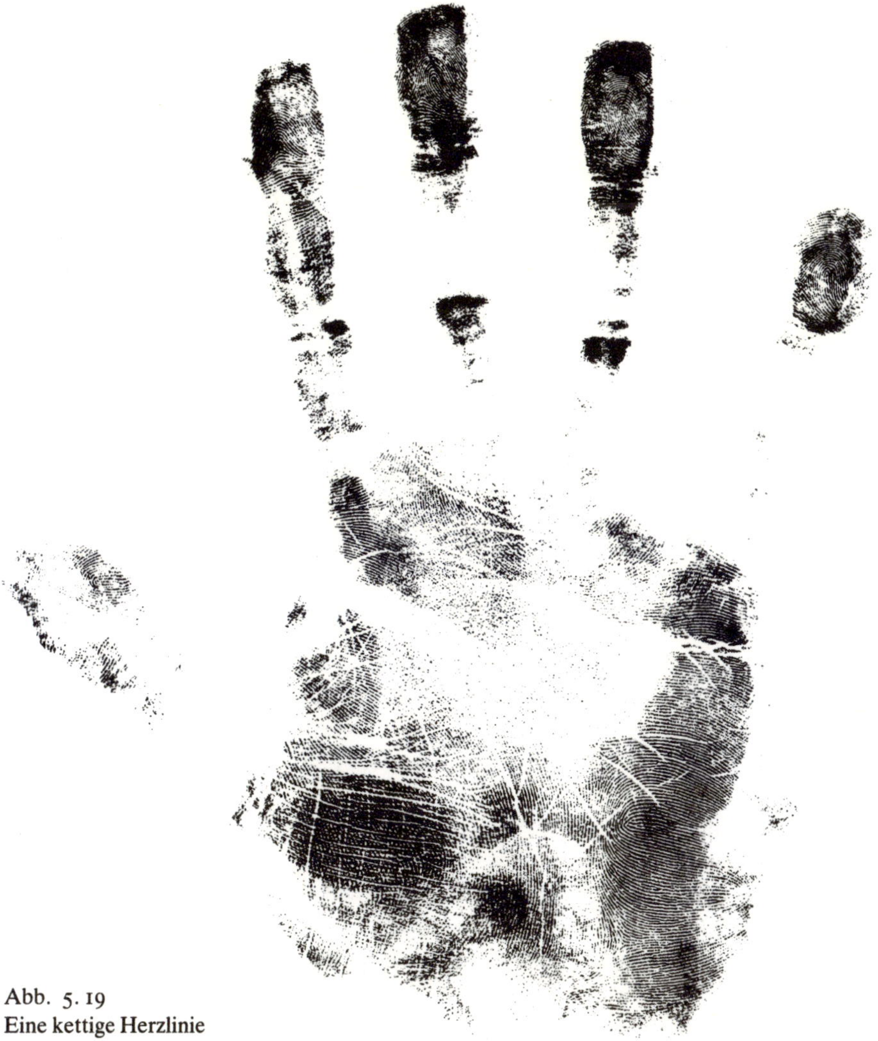

Abb. 5.19
Eine kettige Herzlinie

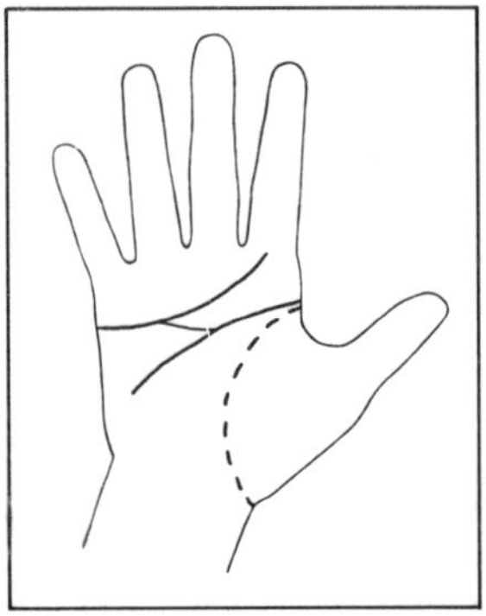

Abb. 5.20
Verbindungslinie zwischen Herz- und Kopflinie

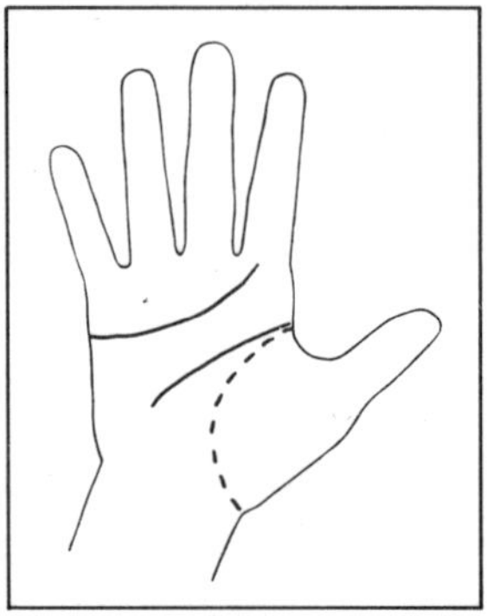

Abb. 5.21
Großer Abstand zwischen Herz- und Kopflinie

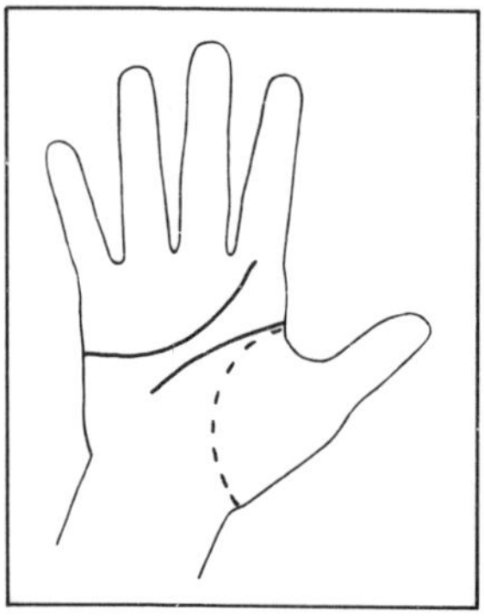

Abb. 5.22
Geringer Abstand zwischen Herz- und Kopflinie

Geringer Abstand zwischen Herz- und Kopflinie (Abbildung 5.22): Tendenz zu Angst, Engstirnigkeit und Geheimnistuerei. Sexuell gehemmt.

Die Kopflinie

Die untere Horizontale oder *Kopflinie* beginnt an der Lebenslinie und verläuft quer über die Handfläche. Sie gibt Aufschluß über unsere Intelligenz, geistige Kapazität und psychologische Veranlagung. Sie kann Perioden aufzeigen, in denen emotionale Schwierigkeiten, Sorgen oder psychische Erkrankungen aufgetreten sind, die sich unter Umständen auf den Ausdruck der Sexualität auswirken. Außerdem kann die Kopflinie auf Unfälle oder physische Krankheiten hinweisen, die auch den Kopf in Mitleidenschaft ziehen.

Die Kopflinie veranschaulicht unsere sexuelle Persönlichkeit sehr zuverlässig. Eine lange, gerade Linie (Abbildung 5.23) verrät einen praktischen, realistischen Menschen, dessen Liebes- und Freundschaftsbeziehungen in der Wirklichkeit wurzeln. Dem steht jedoch auf der negativen Seite gegenüber, daß es einer Person mit gerader Kopflinie im Schlafzimmer oft an Phantasie fehlt und sie daher dazu neigt, sich allzusehr mit Routine und wenig aufregenden Sexualpraktiken zu begnügen.

Je nachdem, wie stark die Kopflinie zum Mondberg hin absinkt (Abbildung 5.24), spielt die Phantasie eine größere Rolle im Sexualleben des Betreffenden. Ein Mensch mit einer abfallenden Kopflinie kann im Bett sehr phantasievoll sein, aber auch dazu tendieren, den Kontakt zur Wirklichkeit zu verlieren, wenn in der Partnerbeziehung auftretende Schwierigkeiten gelöst werden müssen. Versäumen Sie nicht, andere Aspekte der Hand auf bestätigende oder modifizierende Faktoren hin zu untersuchen.

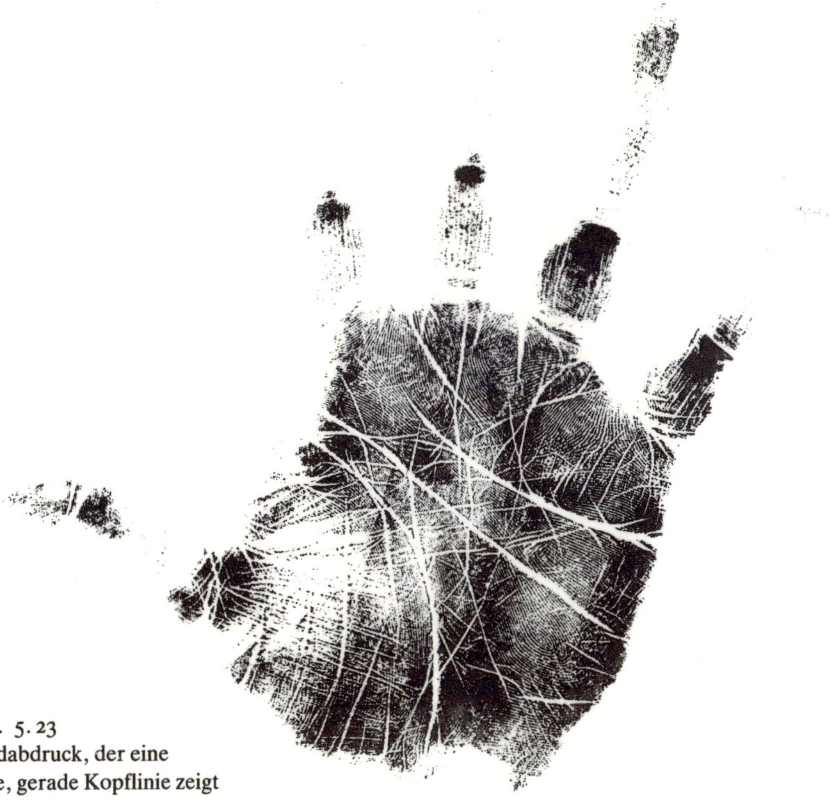

Abb. 5.23
Handabdruck, der eine lange, gerade Kopflinie zeigt

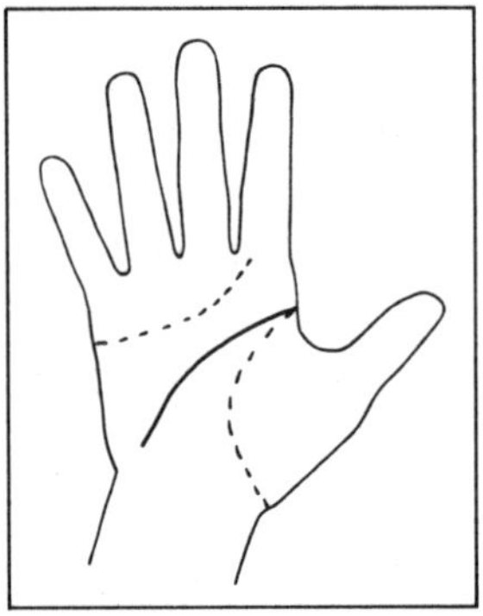

Abb. 5.24
Kopflinie neigt sich zum Mondberg

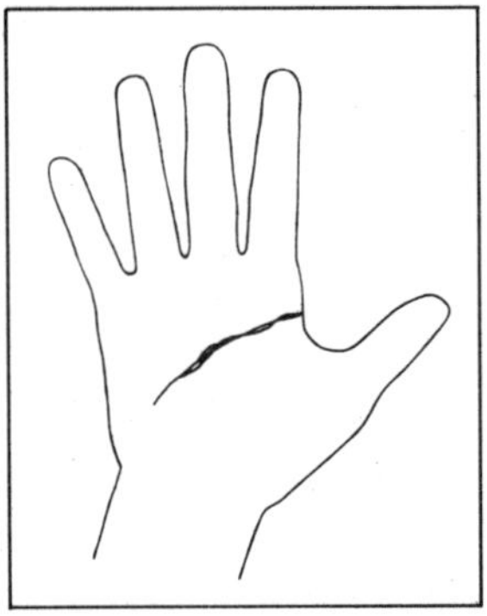

Abb. 5.25
Kopflinie mit Inseln

Eine Kopflinie, die Verflechtungen und kleine Inseln enthält (Abbildung 5.25), verweist auf mangelnde Konzentriertheit und auf mögliche Unbeständigkeit in Beziehungen. Bei großen Inseln und gebrochener Kopflinie besteht eine Veranlagung zu ernsthaften emotionalen Problemen, die unbedingt der Hilfe eines Fachmannes bedürfen.

Sind Kopf- und Lebenslinie an ihrem Anfang voneinander getrennt, neigt die Person in Beziehungen zu Impulsivität, Ungeduld und Selbstvertrauen. Je länger die beiden Linien zusammen verlaufen, desto größer sind Vorsicht und Abhängigkeit (letztere vorwiegend psychischer Natur). Abhängig kann der Betreffende von Mutter oder Vater sein, aber auch von einem Mutter- oder Vaterersatz in Gestalt eines Liebhabers oder Ehegatten. Er neigt außerdem zu sexueller Gehemmtheit und macht sich oft Sorgen darüber, was die anderen wohl von ihm denken oder über ihn sagen.

Die Affenlinie

Die sogenannte *Affenlinie* entsteht, wenn sich Herz- und Kopflinie zu einer einzigen Linie vereinigen. Sie erscheint als gerade, quer über die Handfläche ver-

Abb. 5.26
Die Affenlinie

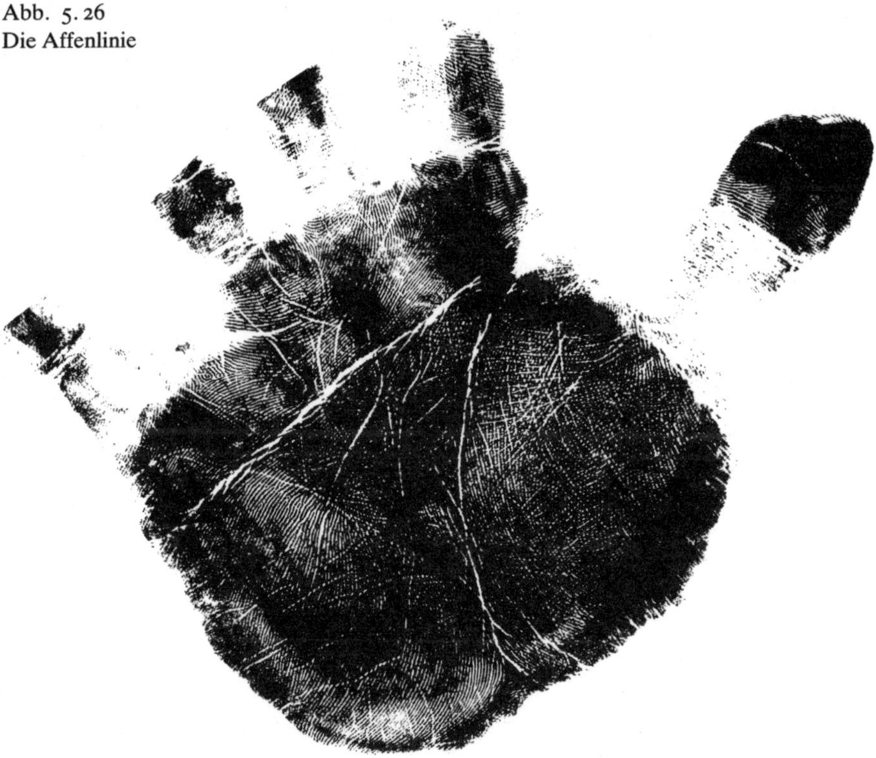

laufende Linie, wie auf Abbildung 5.26 zu sehen.

Die Affenlinie verstärkt gewöhnlich die geistige Potenz und das Persönlichkeitsformat. Die Person schwankt häufig zwischen emotionalen Extremen hin und her, wobei meist die Gefühle mit dem Verstand im Widerstreit liegen. Menschen mit dieser Linie besitzen große Zielstrebigkeit und ungeheure Leistungsfähigkeit. Verweisen Hautstruktur, Berge und Finger auf eine derbe Persönlichkeit, kann der Besitzer der Affenlinie sexuell aggressiv, aufbrausend, gewalttätig und unberechenbar sein. Untersuchen Sie aber auf jeden Fall die ganze Hand, bevor Sie eine Bewertung vornehmen.

Die Linie des Saturn oder «Linie der Lebensaufgabe» macht deutlich, in welchem Ausmaß wir unsere eigentlichen Ziele erreichen und unsere Aufgabe im Leben erfüllen. Im Kontext der Untersuchung von Sex und zwischenmenschlichen Beziehungen ist zu vermerken, daß eine schwache, gebrochene, wellige oder von Inseln durchsetzte Saturnlinie Schwierigkeiten in der Berufslaufbahn oder auf dem privaten Lebensweg anzeigen kann, die sich möglicherweise stark auf alle Beziehungen des Betreffenden auswirken. Natürlich gibt es Menschen mit einer phantastischen Karriere und einer katastrophalen Ehe sowie andere, die in Liebe und Freundschaft echte Erfüllung finden, aber beruflich auf keinen grünen Zweig kommen. Aus diesem Grund ist es wichtig, daß man die Saturnlinie und die Verbindungslinie(n) daraufhin untersucht, ob zwischen ihnen Wechselwirkungen bestehen.

Die Saturnlinie

Die *Marslinie* gibt der Lebenslinie zusätzliche Kraft, Vitalität und Schutz, besonders wenn auf letzterer Unterbrechungen und Inseln erscheinen. Sie signalisiert auch die Veranlagung, sexuelle Beziehungen zu genießen, denn sie verweist auf ein hohes Maß an Sexualenergie.

Die Nebenlinien

Die *Apollolinie* offenbart Liebe zu Kunst und Schönheit, sie zeigt schöpferische Kapazität, Erfolg und Scharfsinn an. Diese Linie kann auch den Charme einer Person vergrößern und ihre Fähigkeit verstärken, sich in Gesellschaft wohl zu fühlen.

Der *Venusgürtel* ist eine zweite Herzlinie, die zwischen der eigentlichen Herzlinie und den Fingerwurzeln verläuft. Selbstlosigkeit, Mitleid und sexuelles Einfühlungsvermögen sind einige Hauptaspekte des Venusgürtels. Bei einem klaren, gut gezeichneten Venusgürtel (Abbildung 5.27) sind diese Emotionen entsprechend der Klarheit und Deutlichkeit der Linie ausgewogen und richtig kanalisiert. Ist der Gürtel jedoch gebrochen und schlecht gezeichnet (Abbildung 5.28), kann die Person ausschweifend, launisch und nachgiebig gegen sich selbst sein. Untersuchen Sie jedoch auf jeden Fall die ganze Hand (besonders Daumen, Herzlinie, Kopflinie und Venusberg), bevor Sie solche Schlüsse ziehen.

Die *Merkurlinie* zeigt den Grad an Ausgewogenheit im physischen Organismus und dessen grundlegenden Gesundheitszustand an. Sie signalisiert auch mögliche Magen- und Darmstörungen. Auf Sexualität und Partnerschaft hat die Linie selbst eigentlich nur insoweit Einfluß, als die genannten Krankheiten das Sexualleben tangieren können.

Reiselinien künden von Reisen in Vergangenheit, Gegenwart und möglicherweise auch Zukunft. Es sind kleine horizontale Linien, die an der Handkante liegen und – entsprechend dem Zeitpunkt der Reise

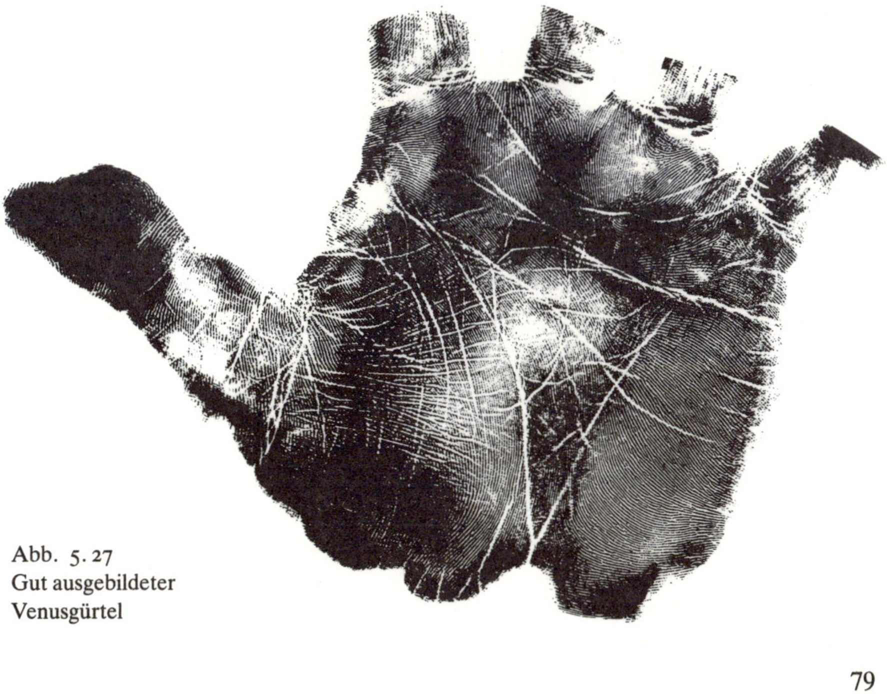

Abb. 5.27
Gut ausgebildeter Venusgürtel

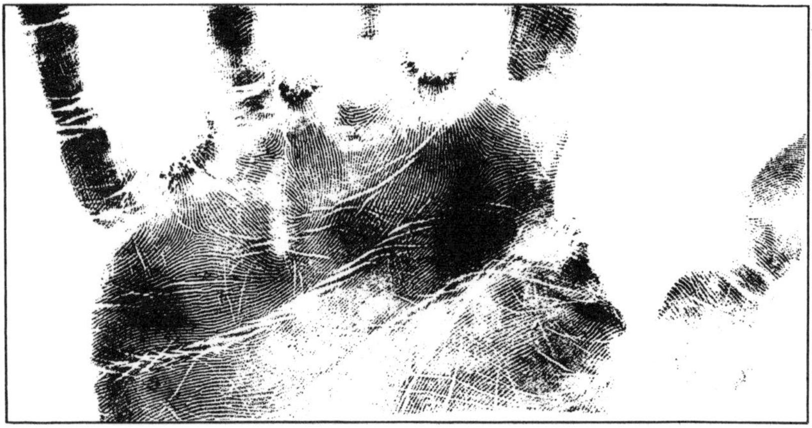

Abb. 5.28
Schlecht gezeichneter Venusgürtel

im Verhältnis zum Alter der Person – über Mondberg und Marsberg zur Herzlinie aufsteigen. Jede Linie repräsentiert eine Reise von Bedeutung, was die zurückgelegte Strecke, die Dauer oder den Einfluß auf das Leben der betreffenden Person überhaupt anbelangt. Gleich der Marslinie haben die Reiselinien als solche wenig mit dem Thema dieses Buches zu tun. Weil jedoch häufige Reisen auch Einfluß auf eine Beziehung haben können, sind Reiselinien wichtig und müssen im Zusammenhang mit anderen Linien der Hand untersucht werden.

Verbindungslinien sind kleine horizontale Linien am Merkurberg, die von der Handkante aus in die Handfläche führen. Sie werden oft «Ehelinien» genannt und veranschaulichen die Veranlagung zu Beziehungen, die einen Menschen tief prägen. Bei diesen Beziehungen handelt es sich gewöhnlich um die Ehe (legal oder «wild»), aber es kann dabei auch um Bindungen an andere Männer oder Frauen gehen, um Bindungen, bei denen Sex im Spiel sein kann, aber nicht muß. Eine ausführlichere Erörterung der Verbindungslinien folgt in Kapitel 9.

Die *Kinderlinien* signalisieren die zu erwartende Kinderzahl, besonders bei Frauen. Nach meiner Erfahrung erscheinen sie als winzige horizontale

Linien unter den Verbindungslinien. Gleich anderen Aspekten der Hand verweisen sie nur auf die *Möglichkeit*, so oder so viele Kinder zu haben.

In Gebieten, wo Empfängnisverhütung und Abtreibung relativ unüblich sind, wie beispielsweise in Südamerika, kann die «Kinder-Auskunft» der Hand ziemlich genau sein. Sechs Kinder würden von sechs winzigen Linien unter einer Verbindungslinie repräsentiert. In Großbritannien, dem übrigen Europa, Nordamerika, Australien und anderen industrialisierten Regionen ist die Vorhersage der Kinderzahl schwieriger. Fehlgeburten und Abtreibungen wären ebenso als potentielle Kinder verzeichnet wie durch Empfängnisverhütung verhinderte Befruchtungen. Im allgemeinen lassen sich Kinderlinien bei Frauenhänden genauer deuten als bei Männerhänden, doch sie können auch dort vorhanden sein.

Die *Neptunlinie* oder «via lasciva» indiziert starke physische und/oder psychische Empfindlichkeit gegenüber Drogen, Alkohol, Tabak und anderen toxischen Stoffen, darunter Lebensmittelzusätze.

Die *Uranuslinie* verrät Intuition oder mediale Fähigkeiten. Eine «ideale» Uranuslinie beginnt im Mondberg und steigt in einem sanften Bogen zum Merkurberg auf. Diese Linie kommt selten in reinem Zustand vor, sondern tritt oft als eine diagonal auf dem Mondberg emporsteigende kurze Linie (oder Serie kurzer Linien) auf. Weil ihr Vorhandensein ein verstärktes Maß an Intuition und Sensibilität offenbart, kann sie auch auf eine verstärkt instinktgeleitete Person hinweisen, die in Angelegenheiten von Liebe, Sex und Partnerschaft meist ihren Ahnungen folgen dürfte.

TEIL II

Im vorangegangenen Teil haben wir untersucht, wie die einzelnen Finger, Berge, Linien und die übrigen Aspekte der Hand Aufschluß über unser sexuelles Naturell geben können. In den nun folgenden Kapiteln wollen wir eine umfassendere, detailliertere und dynamischere Darstellung der Handmerkmale versuchen, soweit sie unsere sexuelle Persönlichkeit und deren Ausdruck in unseren zwischenmenschlichen Beziehungen betreffen.

6 Das sexuelle Ich

Wenn wir die Hände eines anderen Menschen analysieren, ist es unser vorrangiges Ziel, die grundlegende «Gestalt» seines Charakters zu erkennen – das Fundament seiner Persönlichkeit – und die Art, in der er sie zum Ausdruck bringen kann. Im Rahmen der sexuellen Chirologie gehört hierzu das Verständnis des feinen Wechselspiels zwischen der Lebenskraft und ihren natürlichen Extremen: Lust und Aggression. Psychologen sagen, daß diese dynamische Triade die Basis der menschlichen Sexualität bildet.

Auf den folgenden Seiten wollen wir die Beziehung zwischen Lebenskraft, Lust und Aggression untersuchen und prüfen, wie sie im Lichte unserer Persönlichkeit und deren Widerspiegelung in der Hand zu verstehen und zu bewerten ist.

Lebenskraft

Albert von Szent-Györgyi, Nobelpreisträger für Medizin und Physiologie, sagte einmal, daß es Energie erfordere, die Räder des Lebens zu bewegen. Diese Energie durchdringt buchstäblich das ganze Universum und liegt jedem Leben, jeder Schöpfung und jeder Evolution auf Erden zugrunde. Dem Menschen wird diese Energie (im Osten *Prana* oder *Chi'i* genannt) auf physischer Ebene durch die Stoffwechselprozesse im Körper geliefert – mit der Nahrung, die wir zu uns nehmen, mit der Luft, die wir atmen, und mit unserem einzigartigen genetischen Rüstzeug.

Bei den Menschen kann sich, genau wie bei Tieren, das Prana als Sexualenergie äußern, und es ist eine der wichtigsten Motivationskräfte in unserem Dasein. Doch im Gegensatz zu den Tieren kann der Mensch die Sexual- oder Lebenskraft in viele Richtungen kanalisieren, je nach seinen besonderen Lebensumständen, seinen Bedürfnissen und seinem Bewußtseinsstand. Auf der rein biologischen Ebene steht die Sexualkraft hinter unserem angeborenen Verlangen, uns fortzupflanzen und die menschliche Spezies zu erhalten. Sie treibt uns dazu, uns mit einem Vertreter des anderen Geschlechts zu vereinigen und neues Leben zu zeugen.

Das *Lustprinzip* ist eng mit dem Fortpflanzungstrieb verknüpft. Laut Alexander Lowen ist «die Lust des Körpers die Quelle, aus der alle unsere guten Gefühle und guten Gedanken stammen». Ohne Lust, schreibt Lowen, wird unser Denken verzerrt, und das schöpferische Potential geht verloren – sei es bei der Zubereitung eines Essens, der Gestaltung einer Skulptur oder der Zeugung neuen Lebens.

Weil der intime körperliche Kontakt mit einer anderen Person eine der angenehmsten menschlichen Erfahrungen sein kann, steht das sexuelle Interesse in engem Zusammenhang mit unserer Fähigkeit, Lust zu spenden und zu empfangen. Im Rahmen unserer Untersuchung von Chirologie und Sexualität kann die Bewertung des Lustpotentials eines Menschen eine wichtige Rolle bei der Bestimmung seines sexuellen Interesses – allgemeine Ausrichtung und besondere Vorlieben – spielen.

Die *Aggression* ist sowohl mit der Sexualkraft als auch mit dem Lustprinzip eng verbunden. Sie wird zwar oft in negativem Licht gesehen (wie die Lust), ist aber im wesentlichen *natürlicher Ausdruck einer nach außen gerichteten inneren Dynamik*. Sie umfaßt den Selbstbehauptungsaspekt unserer Persönlichkeit und dient in ihrer primären Äußerungsform der Abwehr von Bedrohungen unserer Lebensinteressen.

Wenn Anthropologen im Zusammenhang mit Sexualität von Aggression sprechen, führen sie oft an, daß die frühen Homo-sapiens-Männer (wie die Männchen bei den Tieren) aggressiv sein mußten, um die Frauen zu unterwerfen und zu begatten und so die Erhaltung der Art sicherzustellen. Leider hat diese «Höhlenmensch»-Mentalität bis heute überdauert, wie Sexismus, Vergewaltigungen, patriarchalische Attitüden und andere in unserer Kultur noch immer herrschende Formen des Mißbrauchs und der Unterdrückung von Frauen durch Männer beweisen.

Man sollte nie vergessen, daß in der Chirologie die Triade Sexualenergie, Lust und Aggression nicht nur im Kontext einer zwischenmenschlichen Beziehung betrachtet werden darf. Je nach Talent, Neigung und Bewußtseinsstand können diese im wesentlichen «sexuellen» Kräfte auf die verschiedenste Weise kanalisiert werden.

So richteten beispielsweise die Shaker (eine zölibatäre utopische christliche Gemeinde, die während des vorigen Jahrhunderts in den Vereinigten Staaten ihre Blütezeit erlebte) ihre ganze Energie auf die Entwicklung neuer Formen in Kunst, Architektur und Möbelkonstruktion. Man sagt ihnen außerdem nach, an Hunderten von Erfindungen praktische Verbesserungen vorgenommen und Dutzende weiterer Erfindungen gemacht zu haben, darunter die Wäscheklammer, die Kreissäge, die Waschmaschine und der Flachbesen.

Die Lebenskraft kann, wenn sie richtig umgewandelt wird, in allen Bereichen schöpferisch wirken – einschließlich Kunst, Wissenschaft und Politik. Die Sexualenergie kann, in Verbindung mit positiver Selbstbehauptung und dem Lustprinzip, auch in Meditation, Religiosität und die Erkenntnis anderer Bewußtseinsebenen kanalisiert werden. Die Kräfte, die dem Heilen (einschließlich «therapeutischer Berührung») und der universellen Friedens- und Menschenliebe zugrunde liegen, können unserer urtümlichen Sexualkraft entspringen und alle Aspekte der menschlichen Person einbeziehen.

Therapeuten haben festgestellt, daß *Bewußtheit* und *Absicht* die Schlüssel zu einer Sexualität sind, in der sich Sexualenergie, Lust und positiver Selbstbehauptungswille zu einem Ganzen verbinden. Natürlich erwächst echte Bewußtheit aus unserer Fähigkeit, wirkliche Liebe mit Leib und Seele zu erfahren. Die Sexualkraft kann freigesetzt werden, um uns Lust zu bereiten oder uns zu helfen, physische und emotionale Spannung abzubauen. Sie kann als Werkzeug dienen, um Macht über andere auszuüben oder unseren Glauben an unsere eigene Bedeutung zu stärken. Die Sexualkraft kann auch neue Dimensionen der Intimität und Zuneigung erschließen und starke Energieformen der Liebe und des Mitleids erzeugen.

Wir wollen uns vor allem darauf konzentrieren, die praktisch umsetzbaren Möglichkeiten von Sexualenergie, Lust und Aggression sowie die Art ihres Einflusses auf unsere zwischenmenschlichen Beziehungen aufzuspüren. Denken Sie jedoch bitte daran, daß die nichtsexuellen Äußerungen dieser Aspekte – wie Religiosität, Heilen und schöpferische Tätigkeit jeglicher Art – ebenfalls berücksichtigt werden sollten. Die tatsächlichen Ausdrucksformen dieser Triade werden nicht nur vom Zustand der augenblicklichen Partnerbeziehung eines Menschen bestimmt, sondern auch von seinen grundlegenden Interessen, Bestrebungen und Zielen.

Die Sexualenergie in der Hand

Dicke und Beschaffenheit der Hand sind wichtige Gradmesser für das Quantum an Sexualenergie, das uns zur Verfügung steht. Doch andere Faktoren, darunter die Größe des Venusbergs und die Tiefe von Lebens- und Herzlinie, können diese Grundmerkmale verstärken oder neutralisieren. Die Dicke der Hand wird zum Teil vom Körperbau bestimmt, aber eine sehr schlaffe und weiche Hand mit einer ausgeprägten Vertiefung in der Mitte der offenen Handfläche verrät einen sehr geringen Sexualtrieb. Ein Mensch mit solchen Händen neigt – besonders wenn die Hände blaß sind – zu rascher Ermüdung, Mangel an Wärme und wahrscheinlich etwas «Geiz» in seinen Beziehungen: Er «nimmt» lieber, als zu geben. Einer Person mit dünnen, weichen Händen dieses Typs fehlt es an der notwendigen Herzenswärme für eine tiefe Beziehung; sie dürfte außerdem dazu tendieren, ihre Gefühle zu intellektualisieren und emotionalen Konfrontationen auszuweichen, vor allem wenn sie lange, geknotete Finger und eine lange, gekettete Herzlinie hat. Ist die Hand dagegen dünn und hart, kann der Betreffende auch eigensinnig und berechnend sein. Hat er einen steifen Daumen und sind Kopf- und Herzlinie am Beginn verbunden, neigt er dazu, sich anderen auf emotionaler und sexueller Ebene zu entziehen.

Eine dicke, fleischige Hand offenbart die entgegengesetzten Eigenschaften: Überfluß an Wärme (sowohl Körper- als auch Gefühlswärme), viel Energie und starke Sinnlichkeit. Ist die Hand dick und weich, dürfte die Person Essen und Trinken fast genauso lieben wie Sex. Das Gewicht kann zu einem Problem werden!

Eine Hand mittlerer Dicke verweist – bei Männern wie Frauen – auf einen Menschen mit einem mittleren Maß an Energie und Wärme. Gleich seiner Einstellung zu Essen und Trinken ist im allgemeinen auch sein sexueller Appetit ausgewogen. Personen mit Händen dieses Typs sind keineswegs uninteressiert am Sex, er tritt bei ihnen jedoch nicht als verzehrende Leidenschaft auf, wenn keine modifizierenden Faktoren wie etwa ein sehr großer Venusberg vorhanden sind.

Als wichtigster Indikator von Leidenschaft und Sexualtrieb signalisiert der Venusberg unsere Vitalität und unsere Fähigkeit zu Freundschaft und Liebe.

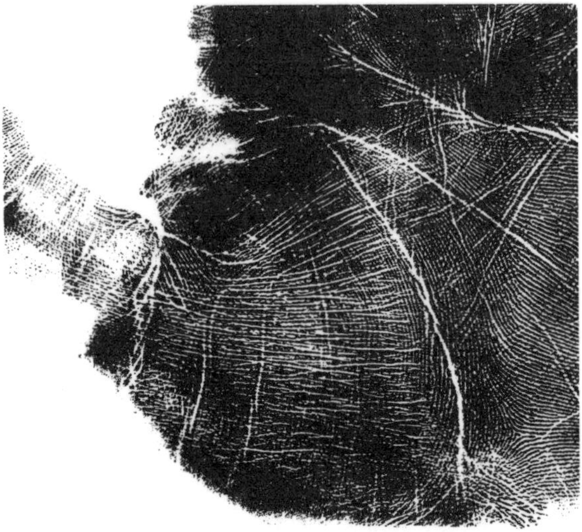

Abb. 6.1
Gut geformter Venusberg

Idealerweise sollte er etwa ein Drittel der Handfläche einnehmen und von der Lebenslinie in einem anmutigen Bogen bis zum Handgelenk umschlossen werden (siehe Abbildung 6.1). «Weder zu hart noch zu weich, schön rund und gepolstert», so würde man einen guten Venusberg am treffendsten beschreiben. Ist er von gesunder rosiger Färbung und frei von Gittern, spiegelt er Vitalität, Wärme und Energie wider und

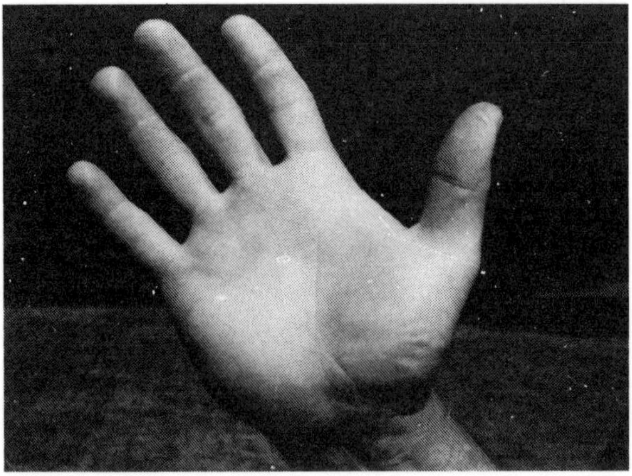

Abb. 6.2
Sehr großer Venusberg

verrät eine starke Fähigkeit, zu lieben und sich lieben zu lassen. Ist der Berg sehr groß (Abbildung 6.2), besteht eine Anlage zu übertriebener körperlicher Leidenschaft. Sofern Kopflinie und Daumen nicht stark sind, kann die Jagd nach sexueller Befriedigung das Leben des Betreffenden weitgehend ausfüllen. Wenn er nicht mit einem ebenso sexhungrigen Partner gesegnet ist, sollte er anstrengende körperliche Betätigungen wie Joggen, Holzhacken oder Squash betreiben, damit seine überschüssige Sexualenergie in andere Kanäle gelenkt wird.

Ist der Venusberg jedoch flach und weich, kann es an Vitalität und Sexualkraft mangeln. Die Person ist zwar durchaus starker Gefühle der Liebe und Leidenschaft fähig, bringt sie aber nicht in erster Lnie im Schlafzimmer zum Ausdruck. Durchschneidet die Lebenslinie diesen Berg, statt ihn in weitem Bogen zu umrunden (Abbildung 6.3), neigt ein solcher Mensch oft zu Kälte, Prüderie und Engstirnigkeit. Sexualität ist für ihn nicht von vorrangiger Bedeutung.

Auch die Farbe der Nägel ist ein Gradmesser für die Sexualenergie. Menschen mit rötlichen Nägeln haben gewöhnlich einen starken Sexualtrieb und sind eher in der Lage als andere, diese Leidenschaft auf rein körperliche Art auszudrücken. Leuchtend rosige Nägel modifizieren die sexuellen Antriebskräfte etwas; die Besitzer solcher Nägel tendieren eher zu

Abb. 6.3
Ein von der Lebenslinie durchschnittener Venusberg

Ausgewogenheit zwischen körperlichem und emotionalem Ausdruck von Liebe und Leidenschaft. Menschen mit bläulichen Nägeln fällt es oft schwer, sich physisch zu artikulieren. Es fehlt ihnen nicht unbedingt an Leidenschaft und an starken sexuellen Gefühlen, aber sie brauchen meist Zeit, um mit einer anderen Person «warmzuwerden», vor allem wenn ihre Hände eine Neigung zu Introvertiertheit und Schüchternheit aufzeigen.

Lust

Neben anderen Aspekten der Persönlichkeit kann die Hand auch unsere *Veranlagung* offenbaren, Lust zu empfangen und zu genießen. Wenn im Leben keine abschwächenden Faktoren vorhanden sind, wäre ein Mensch mit dicken, fleischigen Händen von mäßiger Festigkeit, glatten kurzen Fingern und zarter rosiger Haut vermutlich ein lustbetontes Wesen, denn diese Merkmale verweisen auf einen sehr sinnlichen Zeitgenossen, der sich auf die «Körpersprache» versteht. Außer gutem Essen und weichen Kissen würde für ihn unter den Freuden des Lebens der häufige physische Kontakt ganz oben auf der Wunschliste stehen. Eine tiefe, leicht kettige Herzlinie (sie kann sowohl die Sensibilität als auch die Gefühlstiefe verstärken) betont diese Neigungen, was auch ein erhöhter Venusberg, ein großer Mondberg, rosige Nägel und konische oder spatelförmige Finger tun. Dies trifft besonders zu, wenn Hand und Daumen biegsam sind, weil Biegsamkeit die Fähigkeit steigern kann, auf Gefühle und Primärinstinkte zu reagieren, ohne sich von gesellschaftlichen Reglementierungen einengen zu lassen.

Für die Personen am anderen Ende der Skala, charakterisiert durch dünne, knochige Hände, einen kleinen oder eingeschränkten Venusberg, niedrige Hauttemperatur, lange, geknotete Finger, bläuliche oder blasse Nägel und schwach ausgeprägte Linien, besitzt sinnliche Lust keine vorrangige Bedeutung. Ein ruhiger Sonntag mit Kirchenbesuch, Konversation, Lektüre und Nachmittagstee würde sie wahrscheinlich mehr interessieren als ein Morgen voller sexueller Aktivitäten, ein ausgiebiger Brunch am späten Vormittag und ein aufregendes Rendezvous am Nachmittag, das sich bis in den Abend hinzieht.

Natürlich gibt es in der Hand zahlreiche modifizierende Merkmale, die auf größere oder geringere Begabung zu körperlicher Lust schließen lassen. Die Position des Daumens an der Hand, die Grundform der Hand und das Vorhandensein eines Venusgürtels beispielsweise liefern gewöhnlich wichtige Informationen, die andere Attribute abschwächen bzw. verstärken können. Diese und weitere Handcharakteristika werden im folgenden Kapitel ausführlich behandelt.

Sexuelle Aggression

Der Aggressionstrieb äußert sich auf sexuellem Gebiet glücklicherweise eher selten als gewaltsamer Versuch, einem anderen Menschen den eigenen Willen aufzuzwingen. Gewöhnlich zeigt er sich in Form einer besonders nachdrücklichen, drängenden Äußerung des natürlichen Wunsches nach Zuneigung, Intimität und sexuellem Kontakt mit einem anderen Menschen.

Wie bei der Bestimmung des Quantums an Sexualenergie, so gilt auch hier: je fester die Beschaffenheit der Hand, desto aggressiver die Persönlichkeit. Ein langer, fester Daumen, eine feste oder steife Hand, die sich unter Druck kaum zurückbiegt, rötliche Nägel und eine rötliche Haut können diese Tendenz verstärken, im Gegensatz zu blassen Nägeln und blasser Haut. Ein großer Venusberg verweist ziemlich zuverlässig auf starkes sexuelles Interesse, aber ein großer und gleichzeitig harter Berg kann auch die Möglichkeit sexueller Aggressivität steigern, vor allem wenn der Berg rötlich gefärbt ist. Starke Gitter auf diesem Berg (statt feiner Linien) betonen die physische Leidenschaftlichkeit und das Verlangen nach rascher sexueller Befriedigung.

Ein großer, gut geformter Kleiner Marsberg offenbart ein starkes sexuelles Verlangen. Während ein relativ weicher und schön gerundeter Berg ein gesundes Maß an sexueller Selbstbehauptung signalisieren würde, ist ein erhöhter, rötlicher Berg (er wirkt fast schwielig) ein Zeichen für starke Aggressionstendenzen, die in Grausamkeit und Gewalttätigkeit umschlagen können. Kommt zu diesen Merkmalen ein Daumen jenes Typs hinzu, den Chirologen als «Mörderdaumen» bezeichnen (siehe Kapitel 3), kann der Betreffende leicht die Kontrolle verlieren und zu einer echten Gefahr für andere werden, besonders

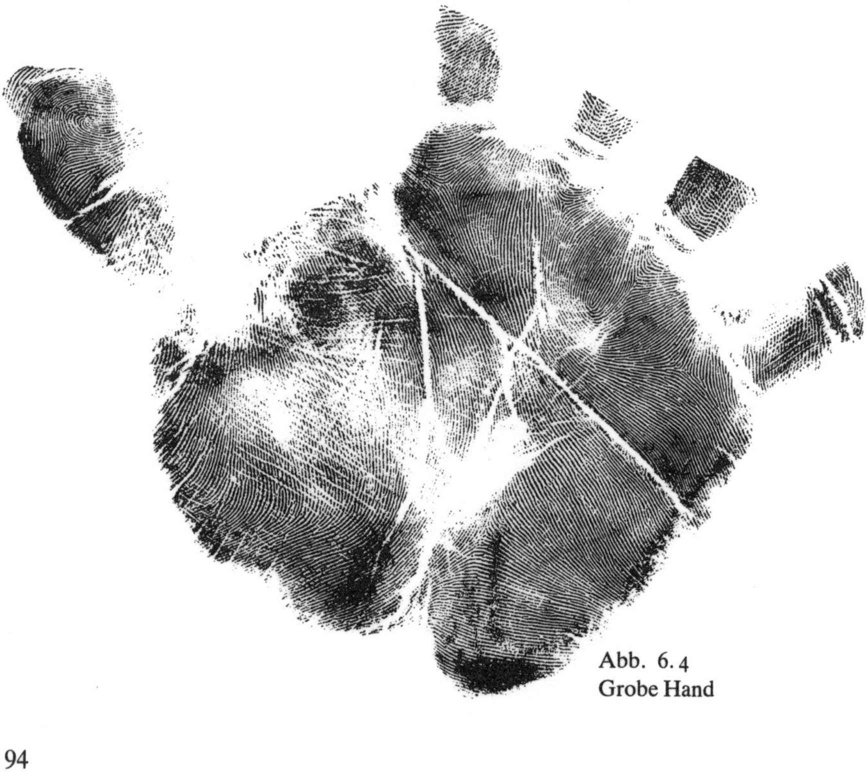

Abb. 6.4
Grobe Hand

wenn die übrigen Finger der Hand in irgendeiner Weise verbogen sind.

Wir haben bereits darauf hingewiesen, daß das Vorhandensein einer Affenlinie meist die Intensität der Gefühle steigert. Sofern diese Linie nicht durch andere Aspekte der Hand modifiziert wird, kann der Besitzer einer solchen Hand unversehens von einem Gefühlsextrem ins andere fallen. In einem Augenblick gibt er sich liebevoll und zärtlich, im nächsten wird er wütend und aggressiv; eine Stunde später ist die Wut wieder völlig verraucht und vergessen. Das Aggressionspotential ist besonders stark, wenn Hautstruktur und Hand grob erscheinen (Abbildung 6.4), im Gegensatz zu der in Abbildung 6.5 zu sehenden sensibleren Hand. Die Veranlagung zu Aggression und Gewalttätigkeit wird manchmal jedoch ausgegli-

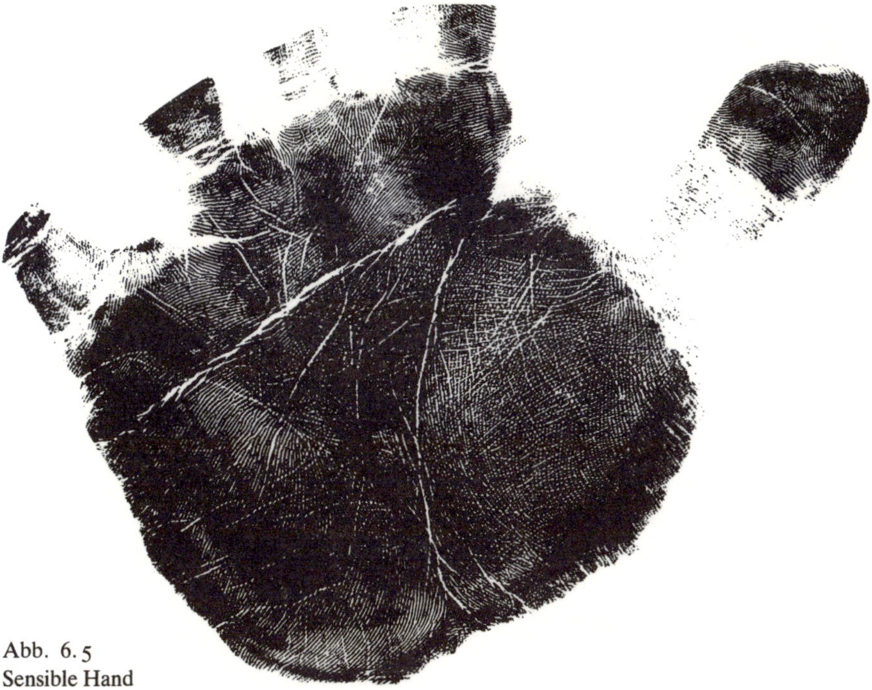

Abb. 6.5
Sensible Hand

chen durch Sensibilitätszeichen wie deutliche Polster auf den Fingerspitzen, eine kettige oder geflochtene Affenlinie und das Vorhandensein eines Venusgürtels. Untersuchen Sie unbedingt die ganze Hand sorgfältig, bevor Sie endgültige Schlüsse ziehen.

Menschen, deren Jupiterfinger größer ist als der Apollofinger, neigen dazu, andere zu beherrschen und in Gesellschaft zu kontrollieren. Wenn der Venus- und der Marsberg klein und relativ weich sind, dürfte der Wunsch nach Dominanz im wesentlichen gutartig sein. Gesellen sich jedoch zu einem starken Jupiterfinger ein erhöhter oder harter Marsberg und ein ebensolcher Venusberg, neigt die Person zu Aggressivität und dazu, andere herumzukommandieren. In einer Beziehung zeigt sie dann das deutliche Bestreben, «obenauf» zu sein, besonders wenn die Hand, der Daumen und andere Finger steif und unbiegsam sind. Beginnen die Lebens- und die Kopflinie des Betreffenden, ohne einander zu berühren, bilden die starken Aggressionstendenzen eine wesentliche Komponente dieser Persönlichkeit. Bei verbundenen Linien entspringt der Wunsch nach Beherrschung und Kontrolle anderer Menschen jedoch einer grundlegenden Unsicherheit, aus der heraus sich die Person sagt: «Wenn ich in dieser Beziehung nicht das Heft in der Hand behalte, wird mein Partner *mich* beherrschen.»

Sexuelle Aggression wird gelegentlich auch von der Herzlinie signalisiert. Gehört die Herzlinie dem «physischeren» Typ an, neigt der Betreffende zu größerer sexueller Aggressivität und liebt ungestümen Sex. Dies gilt besonders, wenn in der Linie Verflechtungen, Ketten oder Inseln fehlen. Dagegen dürfte eine Person, die eine «geistige» Herzlinie hat, Romantik, Blumen und zärtliche Worte vorziehen. Bei ihr können Liebe und Leidenschaft in reichlichem Maß vorhanden sein, werden sich aber wahrscheinlich mehr durch das Herz als durch die Genitalien äußern. Deshalb sollten Menschen mit einer solchen Herzlinie in ihren Partnerbeziehungen oft sexuell mehr Durchsetzungsvermögen zeigen, um das Ganze nicht zu «einseitig» werden zu lassen.

Für einen Handanalytiker, der Erfahrung hat und Sorgfalt walten läßt, wird es nicht schwierig sein, ein fundiertes Verständnis der Triade Sexualenergie, Lust und Aggression zu erlangen und zu erkennen, wie sie zur Bestimmung der psychosexuellen Persönlichkeit des Menschen beiträgt, dessen Hand er deutet. Im folgenden Kapitel werden wir, von diesem Fundament ausgehend, die mit Sex und Partnerschaft zusammenhängenden psychologischen Kernpunkte untersuchen und erforschen, wie sie in der Hand zu sehen sind.

7 Persönlichkeitsmerkmale und sexueller Ausdruck

Zur Entwicklung unserer sexuellen Persönlichkeit tragen viele Faktoren bei. Außer unserer Physiognomie – unserem mehr oder weniger schönen Aussehen – erben wir von unseren Eltern auch physiologische und hormonale Charakteristika, die den Stoffwechsel unseres Körpers und unsere physischen Reaktionen auf die Umwelt steuern. Wir werden zudem mit einer ganz bestimmten Konstitution geboren, die das Maß unserer Energie sowie unsere Fähigkeit bestimmt, Herausforderungen durch unsere Umgebung zu begegnen.

Die Eltern vererben uns jedoch außer physischen Merkmalen auch psychische Eigenarten. Gleich physischen Prozessen wie Kreislauf, Verdauung und Fortpflanzung sind unsere geistigen und emotionalen Funktionen oft stark von den Genen unserer Eltern geprägt. Die Behauptung beispielsweise: «Du denkst genau wie dein Vater», basiert nicht nur auf psychischer Konditionierung (die allerdings nicht zu unterschätzen ist), sondern hat auch eine genetische Grundlage. Darum haben in vielen Fällen die Hände von Eltern und Kindern eine Menge gemeinsam.

Umweltfaktoren spielen bei der psychosexuellen Entwicklung ebenfalls eine wichtige Rolle. Physische oder psychische Traumen vor, während oder nach der Geburt, die ersten emotionalen und physischen Reaktionen auf Mutter und Vater sowie die Geschwisterbeziehungen des Kindes in seinen ersten Lebensjahren beeinflussen oft die Art, in der es sich später seinen Mitmenschen gegenüber verhält. Auch andere Kindheitstraumen, wie der Verlust eines engen Verwandten oder Freundes, eine chronisch von Not geprägte Familiensituation oder das schwererwiegende (aber oft ignorierte) Problem sexuellen Mißbrauchs durch Ältere können sich stark auf die psychosexuelle Entwicklung auswirken. Außerdem lernen wir durch Angehörige, Freunde, die Schule, die Kirche und die Medien, wie wir uns den Normen der Gesellschaft anzupassen haben. Die Ermahnung an einen Jungen, daß «richtige Männer nicht weinen», oder die Aufforderung, als Mädchen doch lieber mit Puppen zu spielen, statt rauhe Sportarten zu betreiben, sind nur zwei der augenfälligeren Beispiele gesellschaftlichen Einflusses auf unser psychosexuelles Naturell.

Auf den nachfolgenden Seiten werden wir den «Hand-Spuren» einiger der wichtigsten psychischen Merkmale nachgehen und schauen, wie sie für eine psychosexuelle Handanalyse ausgewertet werden können. Wir haben bereits erwähnt, daß die Hand nur Tendenzen und Veranlagungen offenbart und daß sich die Linien im Laufe der Zeit ändern können. Hinzugefügt sei, daß der Handleser unbedingt mehrere Handmerkmale zusammen betrachten sollte, bevor er eine endgültige Bewertung vornimmt. In vielen Fällen kann die Bedeutung eines Charakteristikums dem eines anderen widersprechen. Aus diesem Grund empfiehlt es sich, Sorgfalt walten zu lassen und sich um eine *Gesamtsicht* der Hände zu bemühen, bevor man zu definitiven Schlüssen über die psychische und sexuelle Verfassung eines Menschen gelangt, dessen Hände man analysiert.

Romantisch/realistisch

Wenn ein romantischer Mensch sich verliebt, geschieht es oft «auf den ersten Blick». Seine Beziehungen sind in der Regel sehr gefühlsbetont und haben eine stark sinnliche Komponente. Sex ist bei ihm gewöhnlich abwechslungsreich, anregend und sozusagen «an der Tagesordnung».

Das wichtigste Kennzeichen eines Romantikers ist eine tiefe, lange Herzlinie, die weit in den Jupiterberg hineinreicht. Mit großer Wahrscheinlichkeit handelt es sich um eine Herzlinie des «geistigen» Typs, die eine Steigerung der emotionalen Sensibilität bedeutet. Konische oder psychische Fingerspitzen (besonders am Jupiterfinger) verstärken die Tendenz zu Romantik und Hingabebereitschaft, ebenso ein großer Venusberg, der Leidenschaft signalisiert. Auch das Vorhandensein eines Venusgürtels kann Neigung zu Romantik anzeigen, vor allem wenn der Gürtel mit der oben beschriebenen «geistigen» Herzlinie einhergeht. Außerdem dürfte die Kopflinie eines reinen Romantikers zum Mondberg hin absinken, was die Phantasie und die Neigung zum Träumen steigern würde.

Die Hände des Realisten sind eher eckig und haben eckige oder spatelförmige Finger. Die Handfläche ist breit statt schmal (schmale, längliche Hände scheinen bei Romantikern häufiger zu sein), und die Kopflinie – die wahrscheinlich klar und lang ist – verläuft gerade über die Handfläche zum Marsberg. Im Gegensatz zur Herzlinie des Romantikers tendiert jene des Realisten eher zum «physischen» Typ und endet entweder am Saturnberg oder knapp dahinter. Beachtet werden muß hier, daß viele romantische Menschen ungeachtet ihrer langen, kettigen oder gebrochenen Herzlinien versuchen, sich anderen gegenüber als Realisten zu geben. Diese Ambivalenz dürfte besonders vorliegen, wenn die Hand eckig ist und die Kopflinie auf ein praktisches Naturell hinweist.

Romantiker erleben oft Enttäuschungen. Sie stellen das Objekt ihrer Wünsche gern auf ein Piedestal und erwarten von ihm mehr, als es realistischerweise zu geben vermag. Die Neigung, andere zu überschätzen, findet sich bei einem zum Saturn hin gebogenen

Apollofinger. Ist der Apollofinger gerade, stimmt der erste Eindruck des Betreffenden von einem anderen Menschen gewöhnlich, besonders wenn auf seiner Hand vom Mondberg aus Intuitionslinien nach oben verlaufen. Doch ob er diesen grundlegenden Ahnungen auch folgt oder nicht, ist eine andere Frage!

Ein leicht zum Apollo hin geneigter Merkurfinger kennzeichnet einen scharfsinnigen Menschen, der sich von anderen nicht leicht täuschen läßt. Ist der Merkurfinger vollkommen gerade, könnte sein Besitzer zu vertrauensselig oder naiv sein. Vertrauen ist eine feine Sache, führt jedoch in einer Beziehung leicht zu Enttäuschungen, vor allem wenn der Betreffende kein besonders guter Menschenkenner ist.

Kommunikation

In der Chirologie zeigt vor allem ein langer Merkurfinger (der mindestens das obere Glied des Apollofingers erreichen muß) gute Kommunikationsfähigkeit an. Der an den Händen von Schriftstellern, Schauspielern, Lehrern und Rednern häufig zu findende lange Merkurfinger signalisiert, daß sein Besitzer sich unter anderen Menschen wohl fühlt, und offenbart dessen Gabe, die eigenen Gedanken und Gefühle ohne viel Mühe mitteilen zu können.

Andererseits reduziert ein kurzer Merkurfinger, der niedrig an der Hand sitzt (wie auf Abbildung 7.1), die Kommunikationsfähigkeit. Die Person fühlt sich in Gesellschaft unbehaglich und wird leicht mißverstanden. Doch ein starker, gut geformter Apollofinger verstärkt die Kommunikationsfähigkeit wiederum (zumal wenn er eine spatenförmige Spitze hat).

Je weiter sich der Merkurfinger zum Apollo hinneigt, desto cleverer agiert und reagiert der Betreffende seinem Partner gegenüber. Menschen, die besonders charmant und verführerisch (sexuell wie überhaupt) sind, haben oft einen Finger dieses Typs.

Ein großer Abstand zwischen Herz- und Kopflinie (Abbildung 7.2) verweist im allgemeinen auf einen Menschen, der seine Gedanken und Gefühle mit anderen teilen will. Verstärkt wird diese Offenheit durch Finger mit großem Zwischenraum (besonders bei ausgestreckter, offener Hand), einen niedrig sitzenden Daumen und Getrenntheit von Kopf- und Lebenslinie am Beginn. Geringer Abstand zwischen

Abb. 7.1
Kurzer, niedrig sitzender Merkurfinger

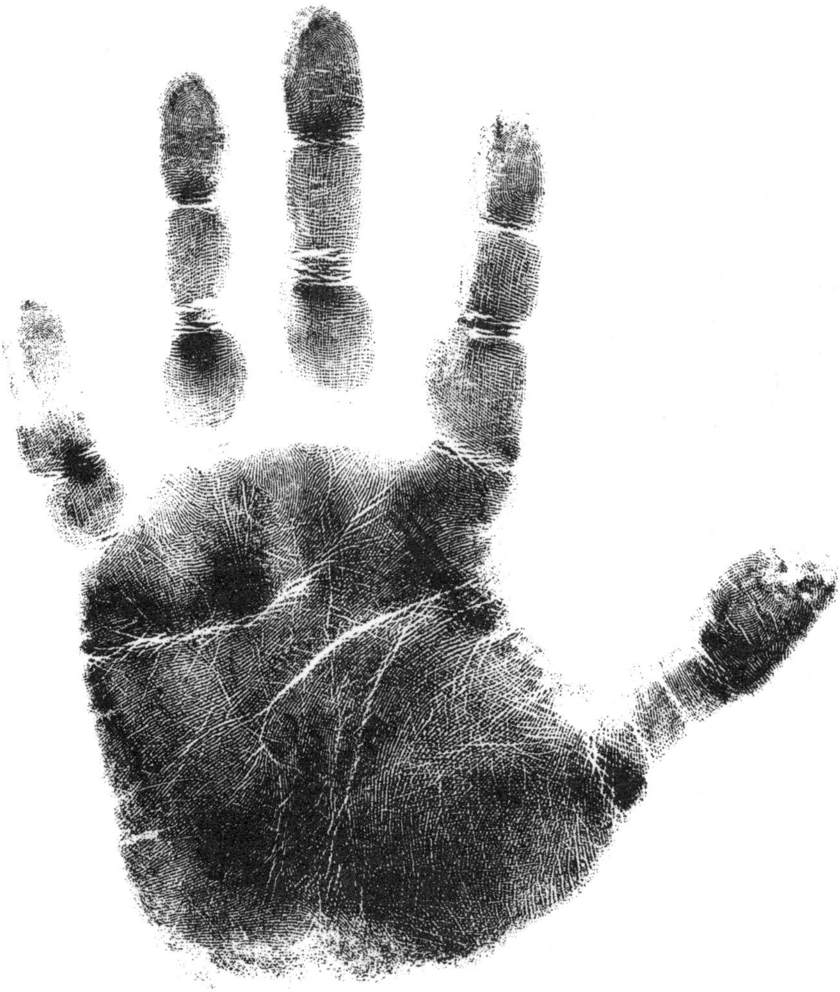

Herz- und Kopflinie (Abbildung 7.3) ist ein deutliches Zeichen für einen verschwiegenen Menschen, der seine Gefühle und Meinungen am liebsten für sich behält. Wenn Sie jemandem ein Geheimnis anvertrauen wollen, wäre ein Mensch mit solcher Linienbildung ideal, besonders wenn er eine feste oder steife Hand hat.

Bei Analysen stößt man gelegentlich auf Hände mit

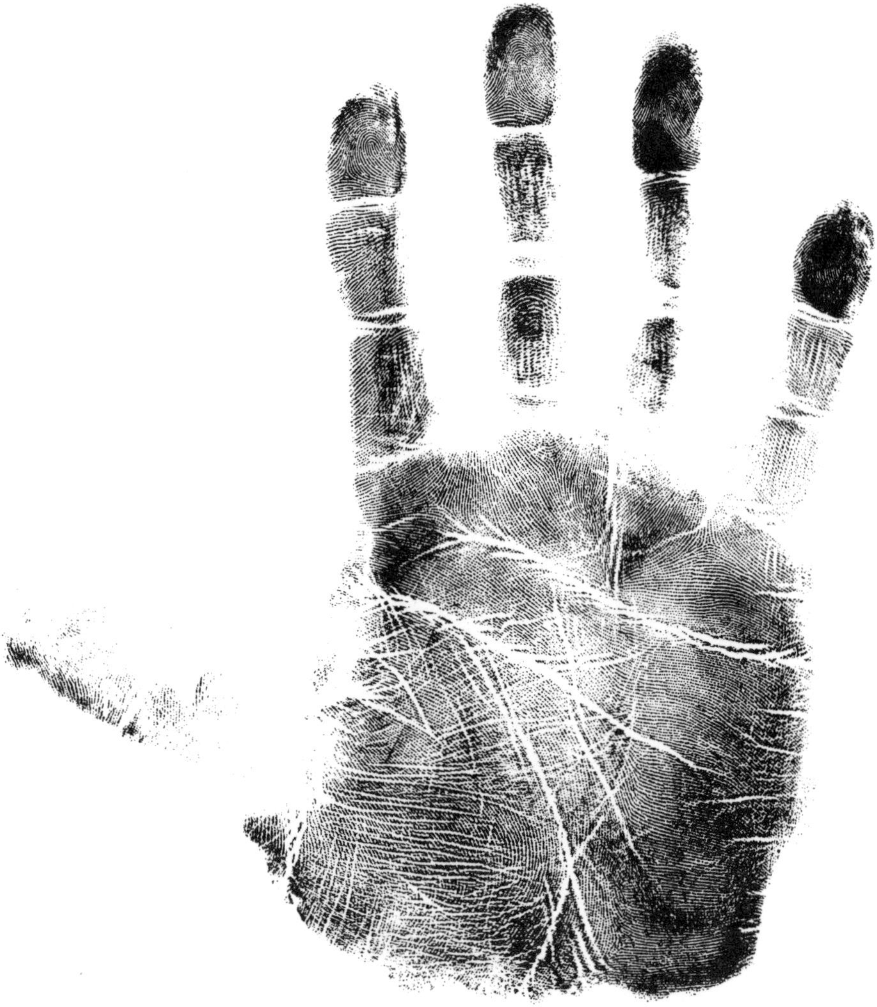

Abb. 7.2
Großer Abstand zwischen Herz- und Kopflinie

nahe beisammenliegender Herz- und Kopflinie, Verbundenheit von Herz- und Lebenslinie am Anfang und einem stark gebogenen Saturnfinger. Dies signalisiert die Neigung zu Depressionen. Manchmal ist außerdem eine von Phantasie kündende Kopflinie vorhanden. In diesem Fall macht die Person, wenn sie deprimiert ist, «mit viel Phantasie» aus einem kleinen Problem eine große Tragödie. Gleichzeitig verhindert

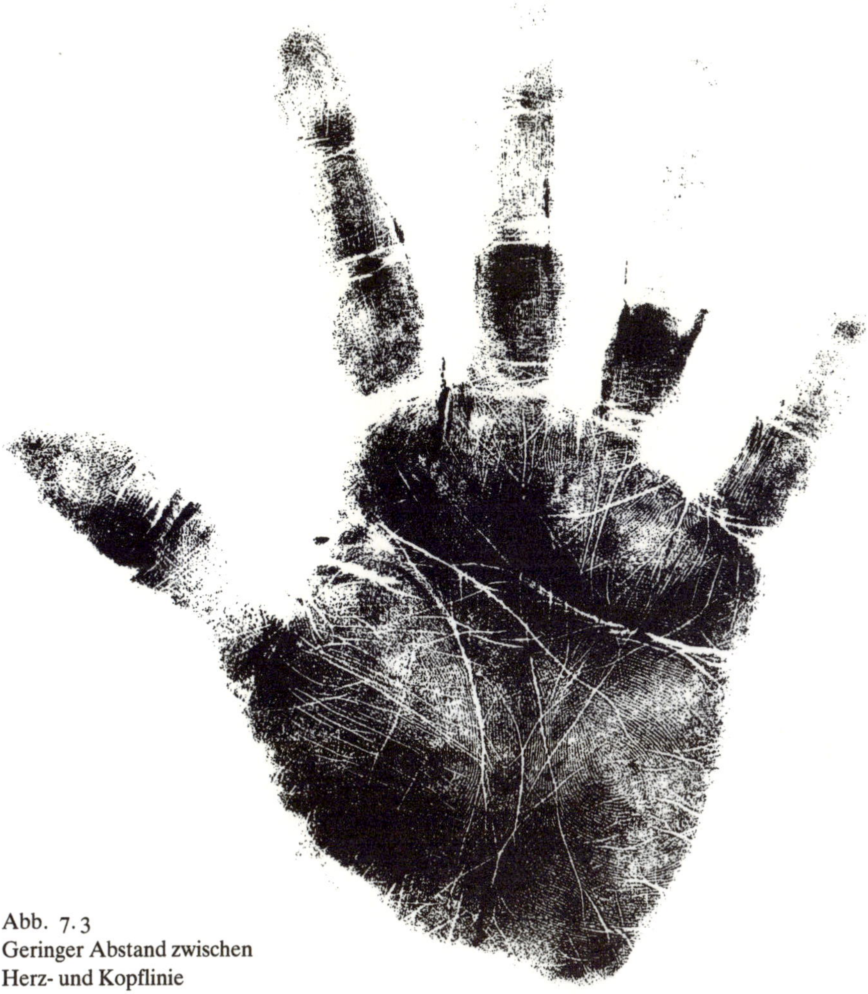

Abb. 7.3
Geringer Abstand zwischen Herz- und Kopflinie

ihr verschwiegenes Naturell, daß sie ihre Schwierigkeiten jemand anderem mitteilt. Dadurch beraubt sie sich der Chance, Mitgefühl oder Trost zu empfangen.

Weil zu wirklicher Kommunikation nicht nur «Senden», sondern auch «Empfangen» gehört, ist in diesem Bereich der Grad an Aufgeschlossenheit ein wichtiger Aspekt. Im allgemeinen sind Menschen mit breiten Händen, niedrig sitzendem Daumen und großen, breiten Nägeln psychisch aufgeschlossen, und man kann gut mit ihnen reden. Sie interessieren sich meist für andere Standpunkte und sind tolerant gegenüber den Gefühlen ihrer Mitmenschen. Eine kettige oder verflochtene Herzlinie kennzeichnet (vor allem wenn sie lang ist) eine Person, die bereit ist, auf andere Menschen und deren Probleme einzugehen.

Bei einer schmalen oder länglichen Handfläche tendiert der Betreffende jedoch eher zu einer gewissen Steifheit und Verschlossenheit. Kurze Nägel (nicht vom Nägelbeißen!) offenbaren eine Person, die gegenüber den Meinungen anderer zu Unduldsamkeit und Voreingenommenheit neigt.

Extrovertiert, introvertiert und sexuell gehemmt

Untersuchungen haben gezeigt, daß sich das Geschlechtsleben Extrovertierter wesentlich von dem Introvertierter unterscheidet. Extrovertierte sind weniger gehemmt als Introvertierte, haben gewöhnlich ihr erstes sexuelles Erlebnis bereits in jüngeren Jahren und genießen als Erwachsene ein aktiveres Geschlechtsleben. Wahrscheinlich versuchen sie es mit mehr Sexpartnern als Introvertierte, probieren eine größere Vielfalt sexueller Techniken aus und kommen öfter zum Orgasmus (zumindest bei den Frauen ist dies der Fall).

Bei einer Handanalyse sollten Sie die Person bitten, beide Hände so locker wie möglich auszustrekken. Achten Sie besonders auf den Daumen. Je größer der Winkel zwischen dem Zeigefinger und dem ausgestreckten Daumen, desto stärker sind Extroversion und sexuelle Befreitheit.

Ein hoch sitzender Daumen, der mit dem Zeigefinger einen Winkel von fünfundvierzig Grad bildet (Abbildung 7.4), ist ein Zeichen für Prüderie in sexueller Hinsicht. Der Betreffende ist sexuell sehr auf der Hut, überkorrekt und zurückhaltend. Alles, was mit Sexualität zu tun hat, macht ihn oft so

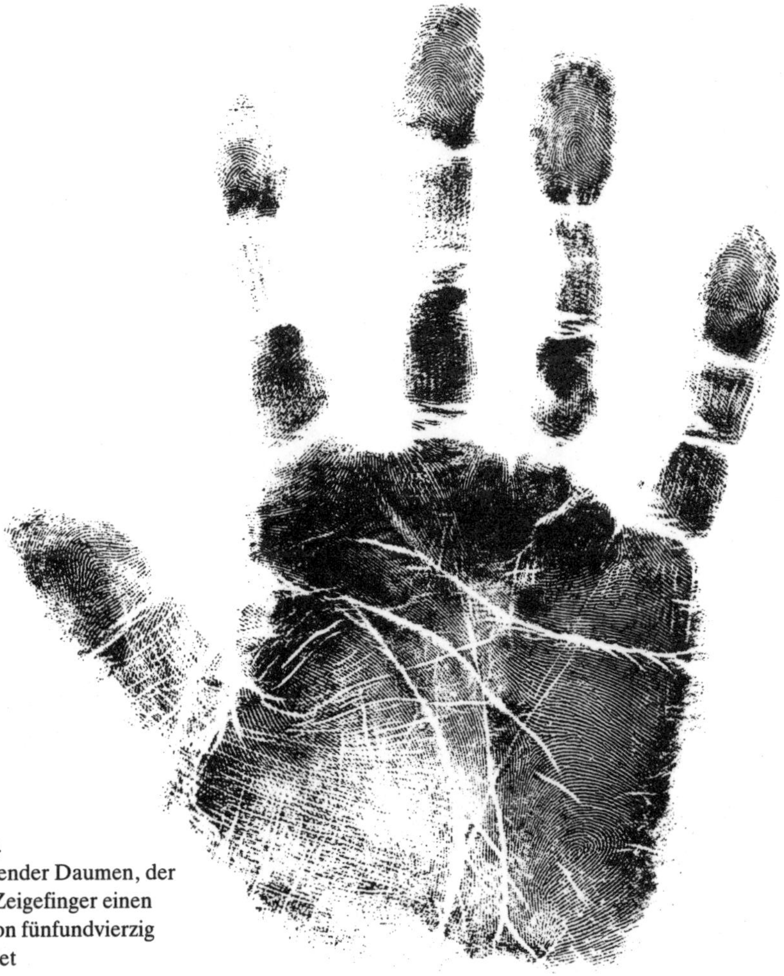

Abb. 7.4
Hoch sitzender Daumen, der mit dem Zeigefinger einen Winkel von fünfundvierzig Grad bildet

verlegen, daß er der Sache gleich ganz aus dem Weg geht. Eine solche Person neigt in einer Partnerschaft zu großer Vorsicht und dürfte Schwierigkeiten haben, sich «gehenzulassen». Der Ausdruck «verkrampft» träfe auf sie am besten zu, sofern die Hand nicht modifizierende Aspekte aufweist.

Bildet der Daumen einen Winkel von sechzig Grad, ist größere psychische Aufgeschlossenheit vorhan-

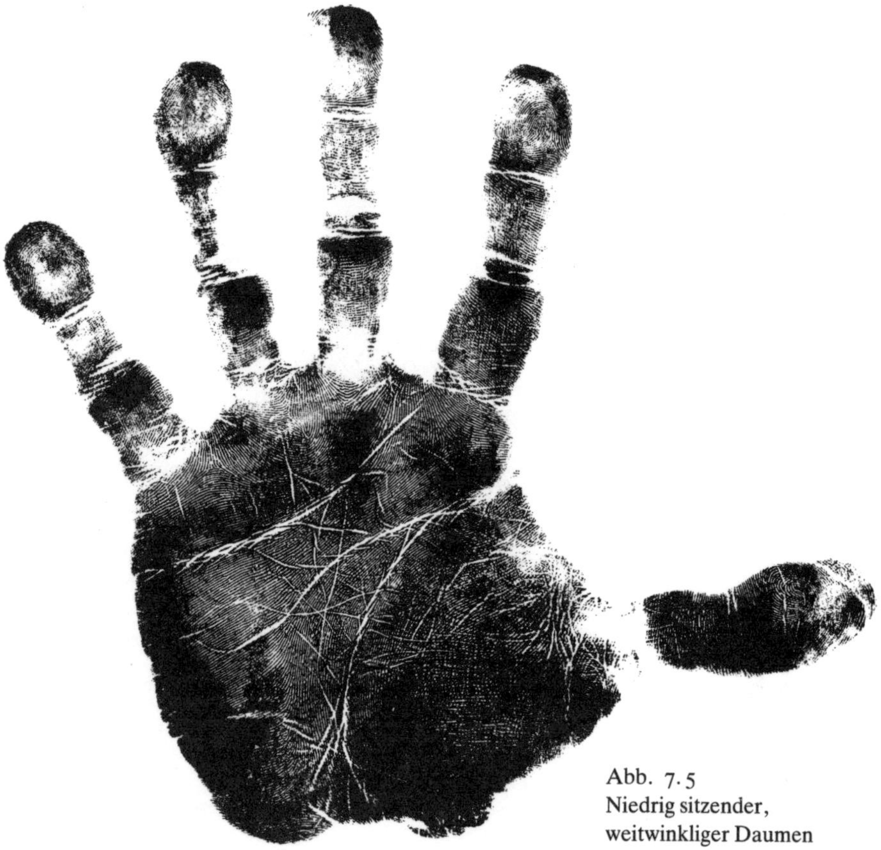

Abb. 7.5
Niedrig sitzender, weitwinkliger Daumen

den. Die Person ist dann nicht unbedingt prüde, scheut aber immer noch davor zurück, sich in emotionalem oder sexuellem Sinn treiben und von der Bewegung des Lebens mittragen zu lassen.

Ein niedrig sitzender Daumen (Abbildung 7.5) kann mit dem Jupiterfinger einen rechten Winkel bilden. Menschen mit niedrig sitzendem Daumen akzeptieren sich selbst gewöhnlich eher als andere,

Abb. 7.6
Eine Linie auf dem Mondberg, von Abenteuerlust kündend

und die Sexualität ist besser in ihr Leben integriert. Im allgemeinen sind sie anpassungsfähiger, vielseitiger, und es fällt ihnen leichter, in einer Beziehung «locker» zu sein. Weil sie oft auch unabhängiger sind als die meisten Menschen, sind sie sehr für sexuelle Abenteuer und Experimente zu haben.

Bei der Untersuchung des Daumenwinkels muß man mehrere wichtige modifizierende Faktoren berücksichtigen. Spatelförmige oder konische Finger, ein «großzügiger» Daumen und eine biegsame Hand steigern in der Regel die Tendenz zur Extrovertiertheit, während steife Hände, eckige Fingerspitzen und ein «eigensinniger» Daumen die Fähigkeit zu Selbstkontrolle und Verdrängung alles Sexuellen verstärken. Getrenntheit von Kopf- und Lebenslinie an ihrem Beginn läßt auf einen Menschen schließen, der eher impulsiv und ungeduldig ist und eine ganze Portion Selbstvertrauen besitzt, folglich weniger zu sexueller Gehemmtheit und Selbstbeschränkung neigt. Geknotete Finger können jedoch die sexuelle Gehemmtheit vergrößern. Man findet sie meistens bei analytisch veranlagten, an Details interessierten Menschen, besonders wenn ihre Finger lang sind. Liegen die Finger bei geöffneter Hand eng aneinander, kann sich die grundlegende psychische Unsicherheit des Betreffenden auch als Gehemmtheit im Geschlechtsleben äußern. Eine Hand mit weit gespreizten Fingern dagegen verweist auf einen Menschen, der nicht unter sexueller Verklemmung leidet.

Manche Menschen haben auf dem Mondberg eine kleine, aber deutliche Querlinie (Abbildung 7.6), die man leicht mit einer Reiselinie verwechseln kann. Ich fand diese Linie vor allem auf Händen von Menschen, die voller Abenteuerlust und Risikobereitschaft sind. Ob diese Abenteuerlust auch auf das Liebesleben übergreift, kann man feststellen, indem man die Merkmale der ganzen Hand prüft.

Selbstachtung

Unser jeweiliges Maß an Selbstachtung spielt in unserem Geschlechtsleben eine wichtige Rolle. Denn Menschen, die sich selber mögen, neigen dazu, andere in ihrem Sinne zu beeinflussen. Infolgedessen gelingt es ihnen auch oft, ihre größten Wunschträume Wirklichkeit werden zu lassen – sei es im Beruf, im Sport oder in zwischenmenschlichen Beziehungen.

Gleich anderen Persönlichkeitsaspekten wird der Grad unserer Selbstachtung teilweise von ererbten Faktoren und von der Konditionierung durch Eltern, Schule und Religionsunterricht in der Kindheit bestimmt. Aus diesem Grund müssen Handdeuter bei einer Analyse unbedingt beide Hände studieren, um herauszufinden, ob das Selbstwertgefühl im Laufe der Jahre gewachsen, schwächer geworden oder seit der frühen Kindheit gleichgeblieben ist.

Zu den wichtigsten Zeichen für Selbstachtung in der Hand gehören der Jupiterfinger, der Apollofinger und das Verhältnis der Lebens- zur Kopflinie an ihrem Beginn. Idealerweise sollten die beiden Finger gleich lang sein, was auf eine gesunde Portion Selbstachtung und eine realistische Sicht der eigenen Stärken und Schwächen verweisen würde. Je kürzer der Jupiterfinger im Vergleich zum Apollofinger ist, desto weniger hält man von sich selbst. Bei einem kürzeren Jupiterfinger besteht die Tendenz, sich selbst nicht die einem gebührende Anerkennung zu zollen und viele der Qualitäten, die man besitzt, geringzuachten. Was die zwischenmenschlichen Beziehungen betrifft, so veranlaßt ein niedriges Maß an Selbstachtung den Betreffenden gelegentlich, sich auf ein romantisches oder sexuelles Verhältnis einzulassen, in der Hoffnung, dadurch sein Selbstbild zu verbessern.

Ein langer Jupiterfinger verweist (vor allem wenn er stark ist) auf ein größeres Maß an angeborener Selbstachtung, besonders wenn Kopf- und Lebenslinie an ihrem Beginn getrennt sind. Eine solche Kombination signalisiert viel Eigenliebe, woraus sich

Selbstvertrauen entwickeln kann sowie die Fähigkeit, in einer Partnerschaft Risiken zu übernehmen. Verbundene Lebens- und Kopflinien verraten Unsicherheit und Vorsicht. Daraus können unter Umständen Eitelkeit, Stolz und ein übersteigertes Selbstwertgefühl erwachsen, die aber nicht auf innerer Stärke basieren, sondern auf tiefsitzender Unsicherheit.

Wie bereits erwähnt, können Kindheitstraumen unser ererbtes Maß an Selbstachtung stark beeinträchtigen. Solche Traumen (seien sie physischer oder psychischer Natur oder beides) lassen sich aufspüren, wenn wir prüfen, wo Einflußlinien die Lebens-, Kopf- und Herzlinien durchschneiden. Ein physisches Trauma (etwa ein Unfall oder eine schwere Krankheit) hinterläßt an der Stelle, wo die Linie von einer Einflußlinie gekreuzt wird, oft einen kleinen roten oder bläulichen Punkt; ein psychisches Trauma dagegen ruft gewöhnlich keine Punkte hervor. Je stärker die Einflußlinie die Hauptlinie bricht oder je ausgeprägtere Inseln sie darin entstehen läßt, desto schwerer und/oder anhaltender ist das psychische oder physische Trauma. Hier muß man jedoch beachten, daß nicht alle Traumen zwangsläufig das Selbstwertgefühl beeinträchtigen. Manchmal kann ein schwerer Unfall oder ein anderes Trauma sogar eine heilsame Wirkung auf den Betreffenden ausüben und dazu führen, daß ein Mensch danach ein viel besseres Bild von sich selbst hat als zuvor.

Häufig hat der Grad unserer Selbstachtung Einfluß darauf, wie wir unsere Partner und unser Verhältnis zu ihnen sehen. Eifersucht ist eine der üblichsten Folgen eines schwachen Selbstwertgefühls; das muß man erkennen und sich dann konsequent damit auseinandersetzen. In der Hand sieht man Eifersucht daran, daß sich der Jupiterfinger zum Saturn neigt. Je stärker die Biegung (sofern nicht durch Arthritis oder einen Unfall verursacht), desto eifersüchtiger und besitzergreifender ist die Person von ihrer Veranlagung her. Umgekehrt verweist ein relativ gerader

Jupiterfinger auf einen eher aufgeschlossenen Menschen, der seinen Partner nicht als Privateigentum betrachtet, das ihm ein Rivale streitig machen könnte.

Treue

Leider gibt es in der Hand kein sicheres Anzeichen für Treue. Doch ein starker Daumen, eine feste bis steife Hand, eckige Finger und eine relativ klare, unter dem Jupiterberg endende Herzlinie verstärken Eigenschaften wie Verantwortungsbewußtsein, Zuverlässigkeit und Loyalität anderen Menschen gegenüber. In vielen Fällen hängt diese Einstellung nicht allein von der sexuellen Befriedigung ab, denn gewöhnlich ist der Sex weder wichtiger noch unwichtiger als andere Aspekte der Partnerschaft.

Sehr biegsame Hände, ein «großzügiger» Daumen und Getrenntheit von Lebens- und Kopflinie verweisen auf einen spontaneren (und oft weniger zuverlässigen) Menschen, besonders wenn die Kopflinie Inseln aufweist und der Marsberg weich ist, denn beides signalisiert mangelnde Beständigkeit und Bindungsbereitschaft. Ist die Herzlinie sehr lang und kettig, interessiert der Betreffende sich wahrscheinlich sexuell für mehrere Partner und findet es schwer, sich *einem* Menschen ganz hinzugeben. Auch eine Person, deren Herzlinie unter dem Saturnberg endet, dürfte stärker an sexueller Lust interessiert sein als an Treue. Gesteigert wird die Neigung zu Promiskuität noch durch einen Venusgürtel (zumal einen gebrochenen) und einen übergroßen Venusberg, der darauf hinweist, daß Sex ein vorrangiges Ziel im Leben dieses Menschen darstellt. Ein weiteres Zeichen für mögliche «Wankelmütigkeit» ist ein niedrig sitzender Merkurfinger. Laut dem angesehenen australischen Chirologen Andrew Fitzherbert hat eine Person mit diesem Merkmal Schwierigkeiten, in *einer* Beziehung Befriedigung zu finden, und ist oft ständig auf der Suche nach dem idealen Partner.

Großzügigkeit

Sie gehört zu den schönsten menschlichen Tugenden und ist eigentlich in allen glücklichen, langdauernden Partnerschaften anzutreffen. Großzügigkeit, die keine Bedingungen stellt, ist heutzutage jedoch sehr selten; und Menschen, die geben, ohne etwas dafür zu erwarten, gelten als nicht ganz normal.

Der Hauptindikator für Großzügigkeit ist ein elastischer Daumen (siehe Abbildung 7.7). Je weiter sich der Daumen zurückbiegt, um so mehr angeborene Großzügigkeit zeigt sein Besitzer – sei es im Hinblick auf Geld, andere irdische Besitztümer oder auch Zuneigung. Verstärkt wird Großzügigkeit durch eine biegsame Hand von eher weicher Beschaffenheit. Ein schlaffer Marsberg kann bedeuten, daß der Betreffende Schwierigkeiten hat, äußerem Druck zu widerstehen; das heißt, daß es einem Menschen mit großzügigem Daumen und weichem Marsberg schwerfällt, «nein» zu sagen. Eine insgesamt stärkere Hand und ein fester Berg können diese Neigung etwas dämpfen und zu einem besseren Unterscheidungsvermögen führen.

In dem Maße, in dem die Biegsamkeit des Daumens abnimmt, nehmen Umsichtigkeit und planvolles Handeln zu. Die Person kann gegenüber gewissen Menschen sehr großzügig sein, ist es aber wahrscheinlich nicht gegenüber allen. Je steifer Hand und Daumen sind, desto ausgeprägter ist im allgemeinen die angeborene Zurückhaltung des Betreffenden sowohl auf materieller wie auf emotionaler Ebene.

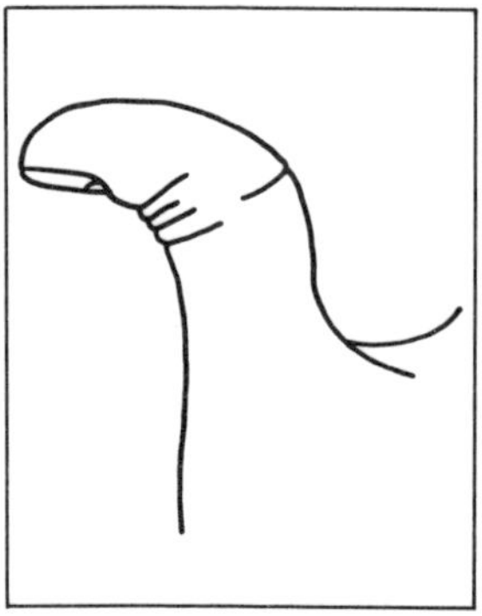

Abb. 7.7
Elastischer Daumen

Sensibilität

Wie sensibel jemand ist, läßt sich am besten an der Hautstruktur erkennen, denn die emotionale – und physische – Sensibiliät wächst entsprechend dem Feinheitsgrad der Haut (siehe Kapitel 2). Zusätzlich gesteigert wird sie, wenn zur feinen Haut eine Vielzahl von Linien und eine lange, kettige Herzlinie mit Venusgürtel kommen, wie auf Abbildung 7.8 zu

Abb. 7.8
Kettige Herzlinie mit Venusgürgel

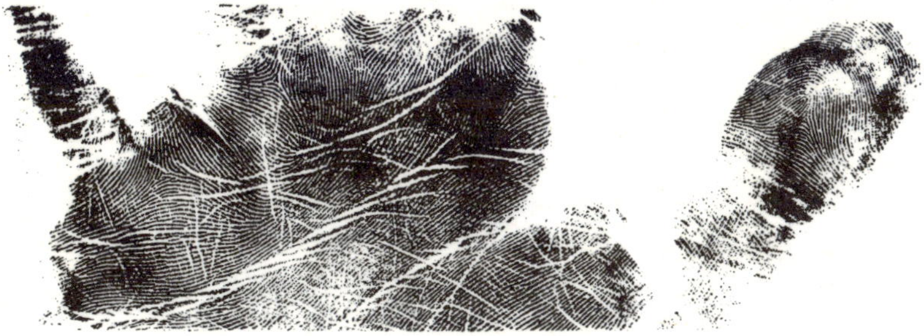

sehen. Im allgemeinen, aber nicht immer, haben Frauen eine feinere Hautstruktur als Männer.

Ein weiteres Zeichen für Sensibilität sind kleine, fast wie Geschwüre aussehende Polster auf den Fingerspitzen. Sie verraten nicht nur ein feines Tastgefühl, sondern auch viel Einfühlungsvermögen.

Dominant/unterwürfig

Genau wie Durchsetzungsvermögen bzw. Passivität sind sexuelle Dominanz bzw. Unterwürfigkeit aus der Hand schwer herauszulesen. Die klassische Chirologie lehrt, daß dominierende Menschen und Menschen mit großem Durchsetzungsvermögen in der Regel lange, starke, niedrig sitzende Daumen, eine am Beginn getrennte Lebens- und Kopflinie, eine klare Kopflinie (Konzentrationsfähigkeit und geistige Prägnanz), eine feste und etwas steife Hand (Eigensinn und Charakterstärke), einen starken Jupiterberg (Führungskraft) und einen starken Marsberg (Durchsetzungsvermögen) haben. Ein ständig «passiver» Mensch besäße die gegensätzlichen Handmerkmale: einen kurzen, schwachen, hoch sitzenden Daumen, einen schwachen oder kurzen Jupiterfinger, einen weichen Marsberg und so fort.

Die klassischen Chirologen übersahen jedoch oft, daß normalerweise bei einer Person starke Strömungen von Dominanz *und* Unterwürfigkeit (oder Durchsetzungsvermögen *und* Passivität) vorhanden sind, die sich entsprechend der im Leben des Betreffenden gerade bestehenden Partnerschaft oder entsprechend der allgemeinen Situation ändern können. Immer wieder wurde festgestellt, daß harte Militärs oder ausgekochte Industriemanager, die gegenüber Gleichrangigen und Untergebenen sehr dominierend auftreten, bei ihren Sexpartnern gern passiv, ja sogar unterwürfig sind.

Vermeintlich «passive» Menschen lassen ihren Aggressionen oft freien Lauf, wenn sich ihnen die richtige Gelegenheit bietet. Aus diesem Grund muß der Handdeuter ein feines Gespür für alle Aspekte der Hand haben und gemeinhin widersprüchliche Charakteristika berücksichtigen, wenn er einen umfassenden Eindruck von einem Menschen gewinnen will, dessen Hände er analysiert. Ist der Betreffende von Natur aus dominierend, oder übernimmt er die «Verantwortung» nur, um seine Furcht, von anderen beherrscht zu werden, zu kompensieren? Ist er von Natur aus unterwürfig, oder hält er sein Durchsetzungsvermögen nur im Zaum, weil er fürchtet, die Beherrschung und damit Sympathien zu verlieren, wenn er anderen zu aggressiv begegnet?

Phantasie

Sie bildet eine Hauptkomponente unserer psychosexuellen Veranlagung. Außer für die körperliche und geistige Stimulierung ist sie auch für die sexuelle Erregung und Aktivität von Bedeutung. Wenn wir unsere Phantasien verstehen (und hoffentlich aus ihnen lernen), können wir nicht nur die Qualität unserer Beziehungen, sondern auch unsere Selbsterkenntnis verbessern.

Sexuelle Phantasien treten vor allem in drei Formen auf. Die Phantasien der ersten Kategorie sind eine Flucht aus einem langweiligen, eintönigen Alltag. Urteilt man nach den Verkaufszahlen romantischer Liebesromane (und nach der Beliebtheit von Zeitschriften wie *Playboy* und *Penthouse*), dürften Phantasien der «Flucht»-Kategorie am verbreitetsten sein.

Die Phantasien der zweiten Kategorie sind zutiefst persönlicher Natur und kreisen oft um einen unerfüllten Wunsch oder die Sehnsucht nach einem bestimmten Menschen. In vielen Fällen können solche Phantasien zum Verständnis und zur Überwindung von Problemen beitragen, die im Rahmen der bestehenden Beziehung oder mittels einer kurzen Therapie lösbar sind. Ob man solche Phantasien «übergeht», dem Partner mitteilt oder sogar als Anregung versteht, hängt von der jeweiligen Situation ab.

Die Phantasien der dritten Kategorie sind eher problematischer Natur und können Gewalt, Demütigungsrituale oder masochistische Vorstellungen zum Inhalt haben. Derartige Phantasien sind viel bedenklicher als bloße Fluchtphantasien und gehen oft auf ernste psychische Traumen in der Kindheit zurück. Aufgrund der starken Schuld- oder Schamgefühle, die sie meist auslösen, werden sie normalerweise geheimgehalten, was wiederum dazu führen kann, daß sie gelegentlich im wirklichen Leben ausagiert werden – manchmal mit verheerenden Folgen für den Betreffenden.

Weil jeder Mensch Phantasien verschiedenster Art und Intensität hat (es gibt Psychologen, die behaupten, der durchschnittliche Erwachsene habe alle drei Minuten eine sexuelle Phantasie), sollten Chirologen sich nicht in allgemeinen Äußerungen über eine «zu Phantasien neigende» Hand ergehen. Es gibt in der Hand nämlich mehrere Aspekte, die zeigen, ob im Leben der Person Vorstellungskraft und Phantasie eine wirklich wichtige Rolle spielen. Ob sie ihre

Veranlagung in das Schreiben eines Science-fiction-Romans oder in die Gestaltung eines bizarren sexuellen Szenariums kanalisiert, kann man feststellen, wenn man die ganze Hand sorgfältig untersucht und sich der Vielfalt an Botschaften bewußt ist, die von der Hand und ihren Zeichen vermittelt werden können.

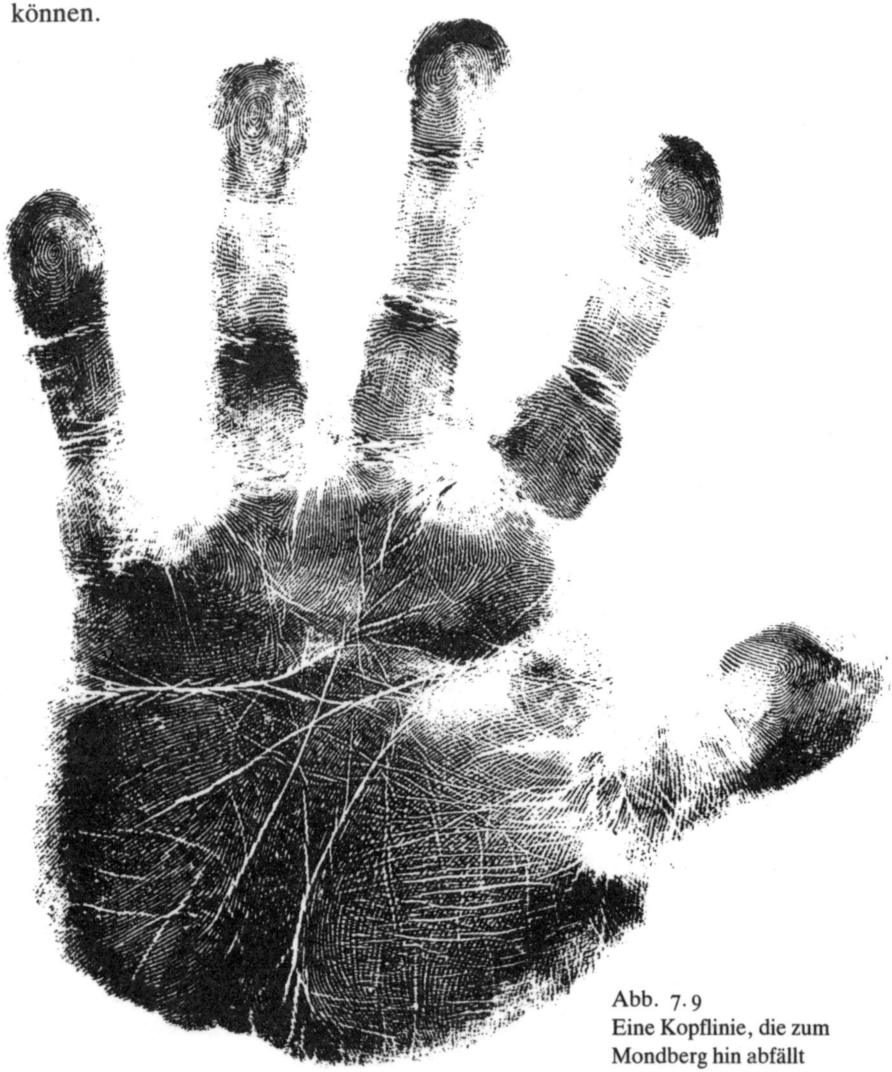

Abb. 7.9
Eine Kopflinie, die zum Mondberg hin abfällt

Generell gesagt, signalisiert eine zum Mondberg hin abfallende Kopflinie (Abbildung 7.9) ein reiches Phantasieleben, im Gegensatz zu einer «realistischen» Kopflinie, die gerade über die Handfläche verläuft. Ist die Linie klar und lang, können die sexuellen Phantasien interessant und abwechslungsreich sein, obwohl der Betreffende ganz im «Hier und Jetzt» verwurzelt ist. Eine gebrochene, schwache oder von Inseln durchsetzte Herzlinie oder eine Hautstruktur mit «Perlenkette» (siehe Abbildung 2.12) indizieren jedoch, daß neurotische Tendenzen bestehen und die Person möglicherweise Schwierigkeiten hat, zwischen Phantasiewelt und Wirklichkeit zu unterscheiden. Ergänzende Merkmale, die in Richtung Irrealität deuten, könnten unter anderem sein: ein schwacher Daumen, eine biegsame Hand und konische, psychische oder stark verbogene Finger (besonders Saturn- und Apollofinger). Gesellen sich zu den genannten Charakteristika eine lange, kettige, tiefe Herzlinie und ein großer Venusberg, kann das Phantasieleben des Betreffenden sich nachteilig auf seine zwischenmenschlichen Beziehungen auswirken. Bei dieser seltenen Konstellation kommt es gelegentlich vor, daß ein solcher Mensch in einer Phantasiewelt lebt und den Kontakt mit der Wirklichkeit verloren hat.

Wenn Sie bei der Handanalyse die Veranlagung zur Phantasie beurteilen, müssen Sie auf jeden Fall alle Aspekte beider Hände untersuchen, damit Sie ein ausgewogenes, umfassendes Bild von der Person erhalten. Wie stark ist ihre sexuelle Gehemmtheit? Ist sie eher sensibel oder gleichgültig gegenüber anderen? Welche Auswirkungen könnten eine unbefriedigende Karriere oder eine unglückliche Beziehung auf ihr Phantasieleben haben? Im Prinzip müssen sexuelle Phantasien nicht als Problem betrachtet werden, es sei denn, sie beeinflussen das Leben des Betreffenden negativ und gefährden seine zwischenmenschlichen Beziehungen.

In vielen Fällen ist es sehr nützlich, wenn man seine sexuellen Phantasien jemand anderem mitteilt und/ oder ihre Botschaft zu verstehen versucht. Man muß dabei jedoch bedenken, daß die meisten Handdeuter keine Sexualtherapeuten sind, und ein Chirologe ohne entsprechende Ausbildung sollte seine Klienten lieber an einen qualifizierten Fachmann überweisen, statt sich selbst als «Seelendoktor» zu versuchen.

8 Sexuelle Varianten und Wahlmöglichkeiten

Wie bereits erwähnt, wird unsere Sexualität von unserer grundlegenden genetischen Veranlagung geprägt, unserer kulturellen und religiösen Konditionierung und vor allem durch unsere frühkindlichen Beziehungen zu Mutter und Vater. Bei Menschen, die an Wiedergeburt glauben, haben angeblich auch Lebensstil und Erfahrungen vergangener Inkarnationen großen Einfluß auf die Sexualität in der gegenwärtigen Existenz. Jede Partnerschaft mobilisiert verschiedene Aspekte unserer inneren Realität. Darum ist es wichtig, daß man den sexuellen Ausdruck als Teil unserer *Gesamtpersönlichkeit* betrachtet und nicht als separate «Abteilung» unseres Lebens.

Wer sich mit unkonventionellem sexuellen Verhalten auseinanderzusetzen hat, stellt rasch fest, daß Bücher über Handlesekunst die damit verbundenen Fragen gewöhnlich ignorieren oder jede Form einer sexuellen «Abweichung» mit stark moralischen Untertönen behandeln. Ein guter Chirologe sollte sich jedoch um größtmögliche Objektivität bemühen, wenn er die sexuelle Persönlichkeit eines Menschen untersucht, und sich dabei seiner eigenen Ängste, Vorurteile und Konditionierungen bewußt sein. Wir müssen uns auch hüten, ausführliche Bewertungen der sexuellen Vorlieben einer anderen Person abzugeben, besonders wenn es dabei um ein Verhalten geht, das wir nicht verstehen.

Das bedeutet jedoch keineswegs, daß wir nicht ehrlich und direkt sein sollen, wenn wir der Person, deren Hand wir analysieren, Informationen geben.

Aber wegen des Ernstes dieses Themas – und wegen der Nöte jener, die unsere Hilfe suchen – sollten wir alle Arten unkonventionellen sexuellen Ausdrucks mit Sensibilität und Takt behandeln.

Masturbation

Die Masturbation oder Selbstbefriedigung ist derart verbreitet, daß die Sexologen finden, man könne sie eigentlich nicht als «Abweichung» bezeichnen. Der Begriff Masturbation ist wahrscheinlich eine Verballhornung des lateinischen *manu stuprare,* was soviel heißt wie «mit der Hand beschmutzen».

Jemand, der «sich selbst berührte», erregte früher Entsetzen und Abscheu. Im 16. und 17. Jahrhundert galt solches Tun als derart anstößig, daß in der guten Gesellschaft bestenfalls vage Anspielungen darauf gestattet waren. Sogar noch zu Beginn unseres Jahrhunderts behaupteten «wissenschaftliche» Bücher, die Masturbation sei eine «Anzapfung der Quellen der Neurovitalität und entziehe dem Blut seine reinsten und kräftigendsten Eigenschaften», sie könne vielfältige Krankheiten auslösen, darunter «Neurasthenie, Depression und Wahnsinn».

In Übereinstimmung mit der öffentlichen Meinung stellten viele Chirologiebücher die Masturbation als Perversion bzw. Sünde dar und erklärten, jene Menschen, die «sich selbst befleckten», könne man (zu ihrer Schande) an einer schwitzenden Handfläche, Flecken auf den Handrücken oder einem großen roten Gitter auf dem Venusberg erkennen.

Heute wird die Selbststimulierung entschieden nüchterner gesehen, aber noch immer herrschen viele Mißverständnisse darüber, und zwar nicht nur bei Jugendlichen, die fürchten, durch Masturbation ihre Zähne zu verlieren oder haarige Handflächen zu bekommen. Der Chirologe sollte sich mit ihr nur befassen, wenn damit verbundene sexuelle Schuldgefühle und Hemmungen ein großes Problem des Klienten zu sein scheinen.

Die Psychologen heute schreiben der Masturbation eher positive, ja sogar therapeutische Qualitäten zu. Sie kann zur Entladung sexueller Energie und zum Abbau von Spannungen beitragen, wenn kein geeigneter Sexualpartner zur Verfügung steht. Außerdem kann autoerotische Aktivität dazu dienen, einen intensiveren Kontakt zum eigenen Körper und seinen Empfindungen herzustellen. Viele Frauen und Männer praktizieren die Masturbation in dieser Absicht, um später dann mit ihrem Partner eine befriedigendere sexuelle Beziehung zu erleben.

Die Masturbation wird jedoch meist dann zu einem Problem, wenn man sie zwanghaft betreibt oder mit ihrer Hilfe vermeiden will, eine Beziehung zu einem anderen Menschen einzugehen. Die Hand kann offenbaren, warum eine solche Situation besteht, vor allem Herzlinie, Kopflinie und Verbindungslinie(n) sowie Venusberg und Merkurfinger sind da aufschlußreiche Indikatoren. Chronische Masturbation als eine Art Flucht vor Partnerschaft wäre beispielsweise möglich bei einer Person mit wenig Selbstachtung (signalisiert durch einen kurzen Jupiterfinger und verbundene Lebens- und Kopflinien), einem sensiblen, introvertierten Naturell (erkennbar am Vorhandensein eines Venusgürtels, an einer langen, kettigen, «geistigen» Herzlinie und einem geringen Abstand zwischen Herz- und Kopflinie) und allgemeinen Problemen mit den zwischenmenschlichen Beziehungen (zu sehen an einem niedrig sitzenden, kurzen Merkurfinger). Die Möglichkeit, daß die Masturbation als eine Art «Partner-Flucht» dient, würde gesteigert durch einen großen, rötlichen Venusberg, der ein Gitter aufweist, was auf starken Sexualtrieb und Neigung zu sexuellen Exzessen hindeutet. Dank der Kenntnisse, die wir vom Bild der Gesamtpersönlichkeit gewinnen, können wir behutsam raten, wie man ein derartiges Problem angehen sollte.

Gleichgeschlechtliche Orientierung

Ein schwieriges Problem ist die Homosexualität. Fast alle Chirologiebücher haben kräftig zu der Verwirrung beigetragen, die im Hinblick auf die gleichgeschlechtliche Orientierung herrscht. Die Hand eines Homosexuellen – immer die eines Mannes – beschrieb man als schwach, mit biegsamem Daumen (verweist auf instabile Persönlichkeit und mangelnde Willenskraft), einer gebrochenen oder von Inseln durchsetzten Kopflinie (offenbart schwere emotionale Probleme), einem langen, gebrochenen Venusgürtel (verrät ein sensibles Naturell und starke Sexualtriebe), einer langen, kettigen Herzlinie (zeigt an, daß die Gefühle über den Verstand herrschen) und spitzen Fingern (künden von künstlerischen Neigungen, Launenhaftigkeit und mangelndem emotionalen Gleichgewicht). Nach meinen Erfahrungen stimmt diese Beschreibung überhaupt nicht.

Es ist sehr schwer, wenn nicht unmöglich, aus der Hand die sexuelle Orientierung zu ermitteln. Menschen, die Angehörige ihres eigenen Geschlechts als Partner bevorzugen, finden sich in jeder Kultur und jedem Beruf, sie repräsentieren ein weites Spektrum von Persönlichkeitsmerkmalen und Emotionen. D. J. West erklärt in seinem klassischen Werk *Homosexuality:*

> Einige Homosexuelle leiden an neurotischen Ängsten, andere sind selbstbewußt und rücksichtslos; einige sind eitel und großsprecherisch, andere scheu und ruhig; einige sind Feiglinge und andere Helden; einige sind weichlich und andere brutal. Weil alle diese Typen vertreten sind, können Psychologen sich allzuleicht jene herauspicken, die ihre Lieblingstheorie stützen.

Abbildung 8.1 zeigt den Handabdruck eines dreiundvierzigjährigen homosexuellen Mannes. Er war früher Bankier und arbeitet jetzt als Bauunternehmer und Holzfäller, ohne dabei seine Wall-Street-Investitionen aus den Augen zu verlieren. Seine breiten Hände mit den spatelförmigen Fingerspitzen und dem großen Venusberg signalisieren ein sehr sinnliches Naturell, Aufgeschlossenheit, Freude an körperlicher Betätigung und die Fähigkeit, sich in der Realität gut zurechtzufinden. Er genießt außerdem bei Männern und Frauen den Ruf eines ausgezeichneten Masseurs. Doch er hält sein reiches Energiereservoir unter

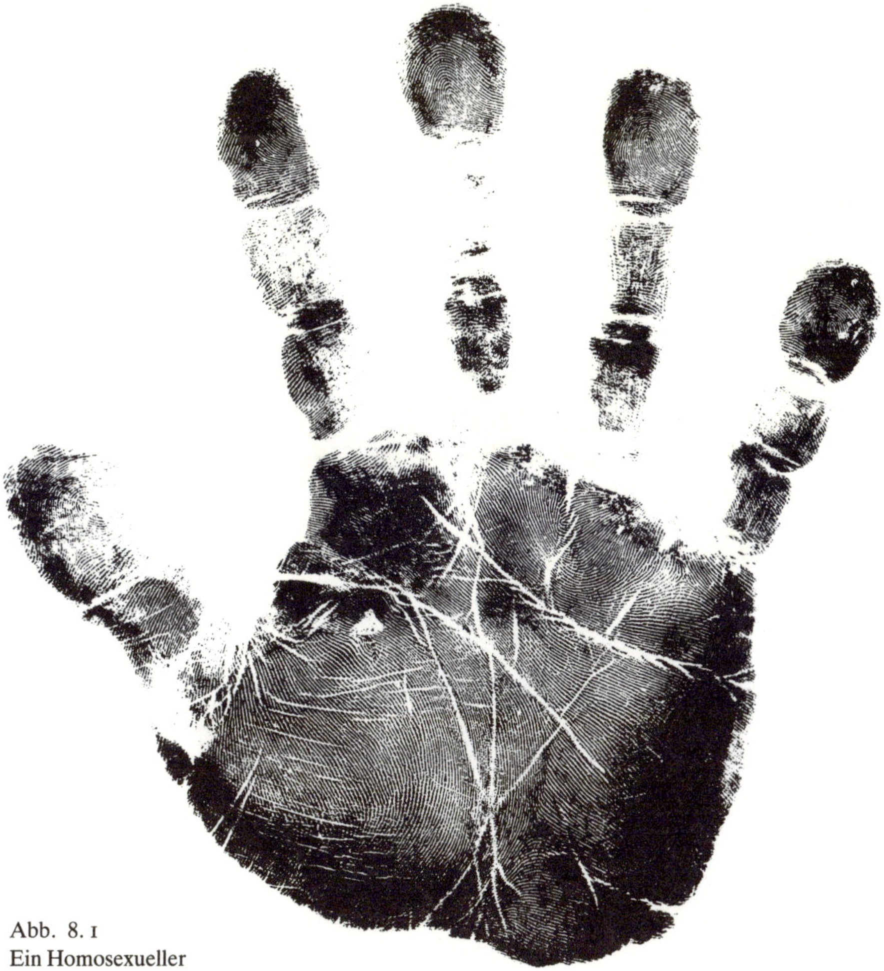

Abb. 8.1
Ein Homosexueller

Kontrolle, denn Lebens- und Kopflinie sind verbunden, was Vorsicht und Introversion anzeigt. Die lange, klare Kopflinie (besonders ab dem mittleren Alter des Mannes) verweist auf geistige Konzentration und große Intelligenz. Die Herzlinie ist zwar an

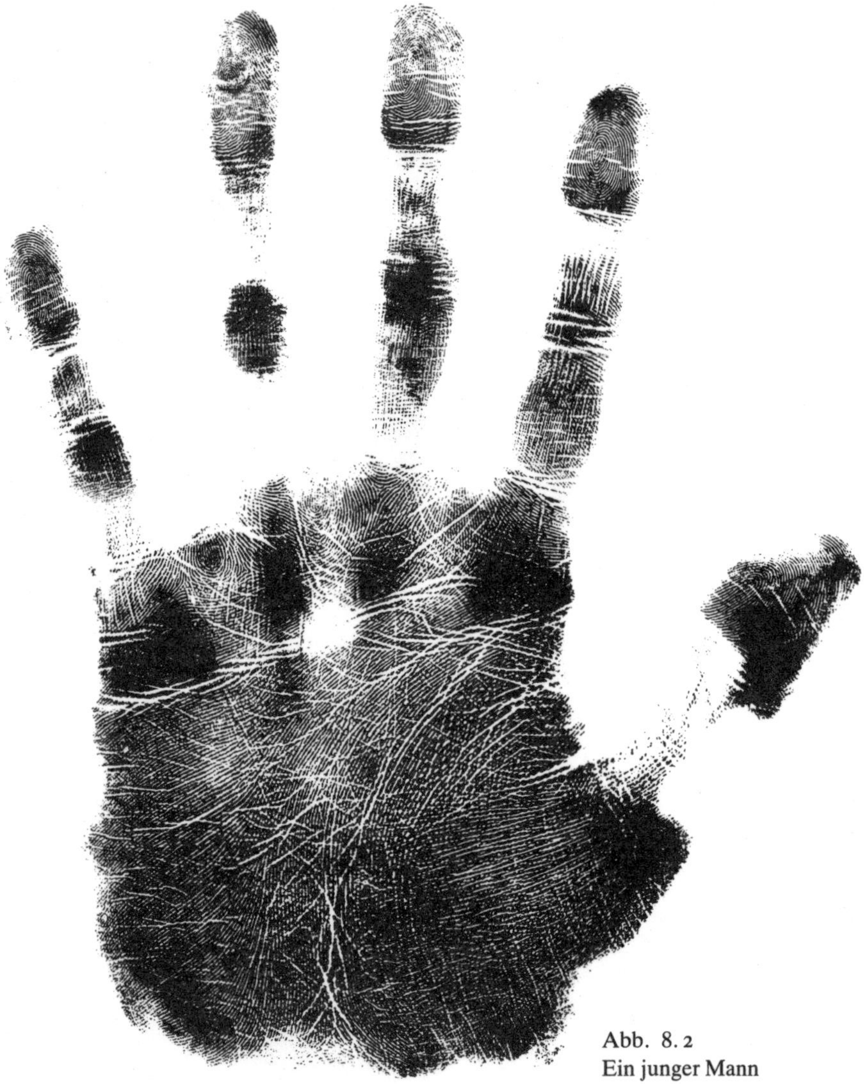

Abb. 8.2
Ein junger Mann

ihrem Beginn etwas kettig, offenbart aber keine übertriebene Emotionalität oder Sensibilität. Die Derbheit der Hand kann zum Teil eine Folge seiner Holzfällertätigkeit sein, ist aber nicht der bestimmende Faktor. Seine ausgeprägte Kommunikationsfähigkeit (und sein Geschäftssinn) sind an seinem langen Merkurfinger zu erkennen. Seine «Abenteuerlinie» (sie verläuft horizontal über den Mondberg

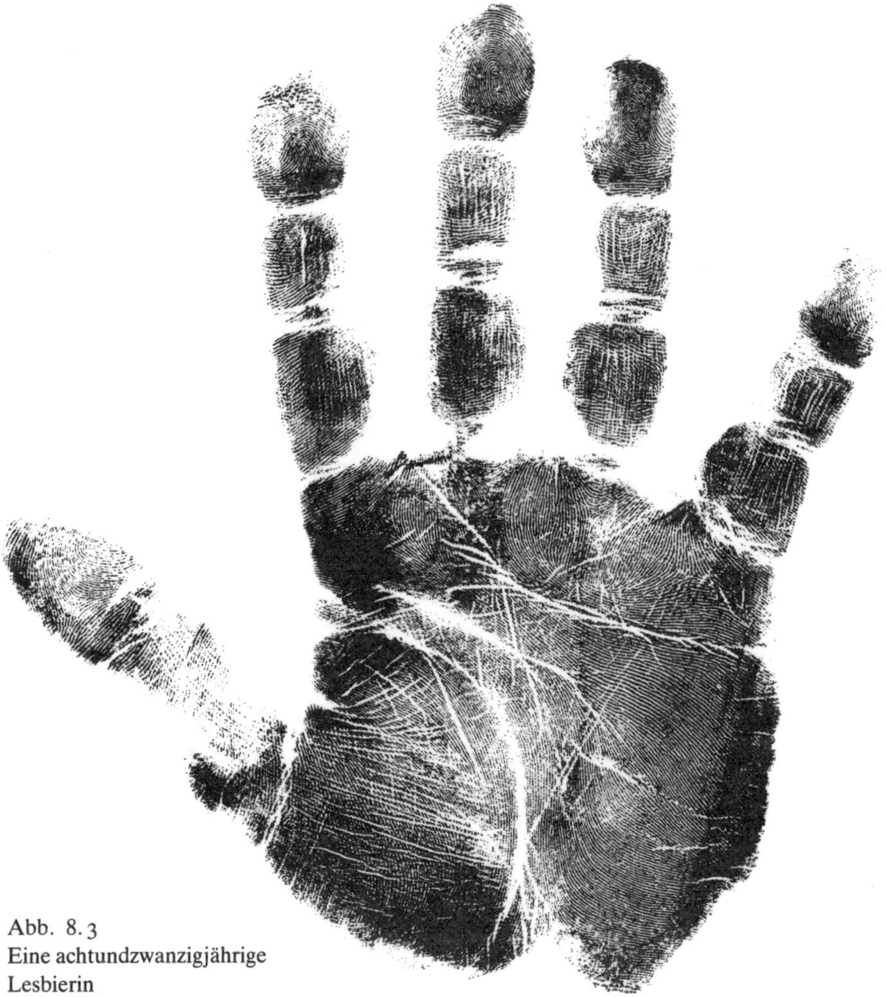

Abb. 8.3
Eine achtundzwanzigjährige Lesbierin

und wurde im vorigen Kapitel beschrieben) manifestiert sich hauptsächlich in seiner Liebe zum Reisen sowie zur Arbeit in der Natur und mit Maschinen.

Abbildung 8.2 stellt die Hand eines jungen Mannes dar, die stark der vorhin als «typisch» beschriebenen Homosexuellenhand ähnelt: lange, gebrochene Herzlinie, Venusgürtel, biegsame Hand mit schwachem Daumen, schwache, von Inseln durchsetzte Kopflinie und generell viele Linien, was auf die Tendenz zu starker Gefühlsbetontheit und Angespanntheit verweist.

Die Charakterzüge des Besitzers dieser Hand entsprechen tatsächlich dem, was die beschriebenen Handmerkmale repräsentieren – nur ist seine Sexualität auf Frauen gerichtet, und er hat nie den Wunsch nach einer homosexuellen Beziehung verspürt.

Abbildung 8.3 ist der Handabdruck einer achtundzwanzigjährigen Lesbierin, die in einer Krankenhausverwaltung arbeitet. Die eckige Hand verweist auf gutes Organisationstalent, und die tiefe Kopflinie (besonders in den frühen und mittleren Lebensjahren der Frau) zeigt geistige Klarheit und Konzentrationsfähigkeit an. Die Frau wirkt auf Fremde rauh und hart, ist in Wahrheit aber sehr warmherzig und fürsorglich, was ihre lange, sensible Herzlinie verrät. Ihre angeborene Impulsivität und Ungeduld sind an der Getrenntheit von Lebens- und Kopflinie zu erkennen. In vielen Aspekten unterscheidet sich ihre Hand nicht von den Händen heterosexueller Frauen, die so dynamisch und unabhängig sind wie sie.

Diese Beispiele machen klar, daß die Grenzen zwischen «homo» und «normal» oft ziemlich vage sind und daß allgemein gehaltene Aussagen kaum sinnvoll wären. Natürlich ermöglicht die Hand wichtige Erkenntnisse über Sensibilität und Gefühlstiefe eines Menschen, über das Ausmaß sexueller Hemmung, Aggressivität, Passivität und Grausamkeit sowie seine Fähigkeit, zu lieben und befriedigende Beziehungen zu unterhalten. Ob solche Gefühle jedoch vorwiegend anderen Frauen oder anderen Männern (oder beiden) gelten, ist kaum festzustellen. Wenn Sie allerdings wissen oder intuitiv spüren, daß jemand, dessen Hand Sie deuten, homo- oder bisexuell ist, können Sie Ihre Beratung entsprechend aufbauen. Statt beispielsweise von dem Ehemann oder der Ehefrau zu reden, den die Person in Zukunft haben wird, können Sie von einer wichtigen Beziehung mit einem anderen Menschen sprechen, ohne dessen Geschlecht zu erwähnen.

Sadismus und Masochismus

Eine weitere oft mißverstandene Form sexuellen Ausdrucks ist der Sadomasochismus. Wie die Hand des «typischen» Homosexuellen wurde auch die «typische» Hand des Sadisten von Chirologen beschrieben, gewöhnlich als maskulin, derb und von intensiv rötlicher Färbung. Der Venus- und der Mondberg sind dieser Beschreibung zufolge groß und hart und die Finger oft verdreht. Häufig findet sich angeblich auch ein «Mörderdaumen». Das Problem ist nur, daß es Menschen mit solchen Händen gibt, die keineswegs sadistisch sind, während einige Menschen mit zarten Händen, langen, schlanken Fingern und feiner Hautstruktur subtile Grausamkeiten verüben und ihren sadistischen Gefühlen Tag für Tag freien Lauf lassen.

Sexuell gesehen, gibt es sehr wenige reine Sadisten oder Masochisten, weil die meisten der entsprechend veranlagten Menschen *beide* Tendenzen aufweisen. Im wesentlichen ist sexueller Sadomasochismus die rituelle Darstellung von Dominanz und Unterwürfigkei mit Hilfe schmerzhafter, demütigender Angriffe auf den Körper, um auf diese Weise die Intensität des emotionalen und physischen Erlebens zu steigern. Meist ist Sadomasochismus eine sorgfältig kontrollierte, auf gegenseitiger Zustimmung beruhende Aktivität, die in westlichen Industrieländern wie den

Vereinigten Staaten, Deutschland und Großbritannien ziemlich verbreitet ist.

Viele, die eine Vorliebe für sadomasochistische Praktiken haben, behaupten, daß sie sich auf diese Weise emotional abreagieren und entspannen könnten, wie es ihnen bei konventionellem Sex nicht möglich wäre. Andere werden von den dramatischen, oft theatralischen Aspekten des dabei üblichen Rollenspiels angezogen. Wieder andere versuchen so, irgendeine alte Schuld abzubüßen, Gefühle der Grausamkeit, Bösartigkeit und Gewalttätigkeit auszuagieren oder eine intensiv dominierende bzw. unterwürfige Erfahrung zu machen, die ihnen im täglichen Leben verwehrt bleibt.

Einige Psychologen glauben, daß Menschen mit sadomasochistischen Wünschen große Schwierigkeiten haben, Zugang zu ihren eigenen Gefühlen zu finden. Dr. Jack Lee Rosenberg meint hierzu in seinem Buch *Body, Self and Survival:* «Egal ob sie dickfellig oder dünnhäutig sind, ihre Unfähigkeit, die subtilen Wonnen der Sinnlichkeit zu empfinden, veranlaßt sie, durch Verursachung und Erduldung von Schmerz stärkere Stimulierung zu suchen.»

Als Chirologen müssen wir uns der Kompliziertheit dieser Probleme bewußt sein und die Gründe kennen, die einen sexuellen Ausdruck solcher Art provozieren. Einige Sadomasochisten versuchen vielleicht, sei es bewußt oder unbewußt, damit bestimmte psychische Probleme zu lösen, während andere ihn als Möglichkeit betrachten, als «Außenseiter» zwischenmenschlichen Beziehungen jeder Art aus dem Weg zu gehen.

Die meisten der Menschen, die zu sadomasochistischen Praktiken neigen, sind jedoch nicht «krank», und ihre Hände dürften kaum anders aussehen als die Hände von Menschen mit konventionelleren Sexualgewohnheiten. Es gibt in der Hand allerdings einige Merkmale, die ein Verlangen nach intensiveren Formen der sexuellen Erfahrung – wie eben dem Sadomasochismus – verraten können. Dazu würden eine starke, tiefe Lebenslinie und ein großer Venusberg gehören, die auf viel Energie und Vitalität hindeuten, besonders wenn der Daumen stark und die Hand von fester Beschaffenheit ist. Eine starke Kopflinie, eine tiefe, möglicherweise kettige Herzlinie und eine Affenlinie würden eine sehr gefühlsbetonte Persönlichkeit und einen starken Charakter anzeigen.

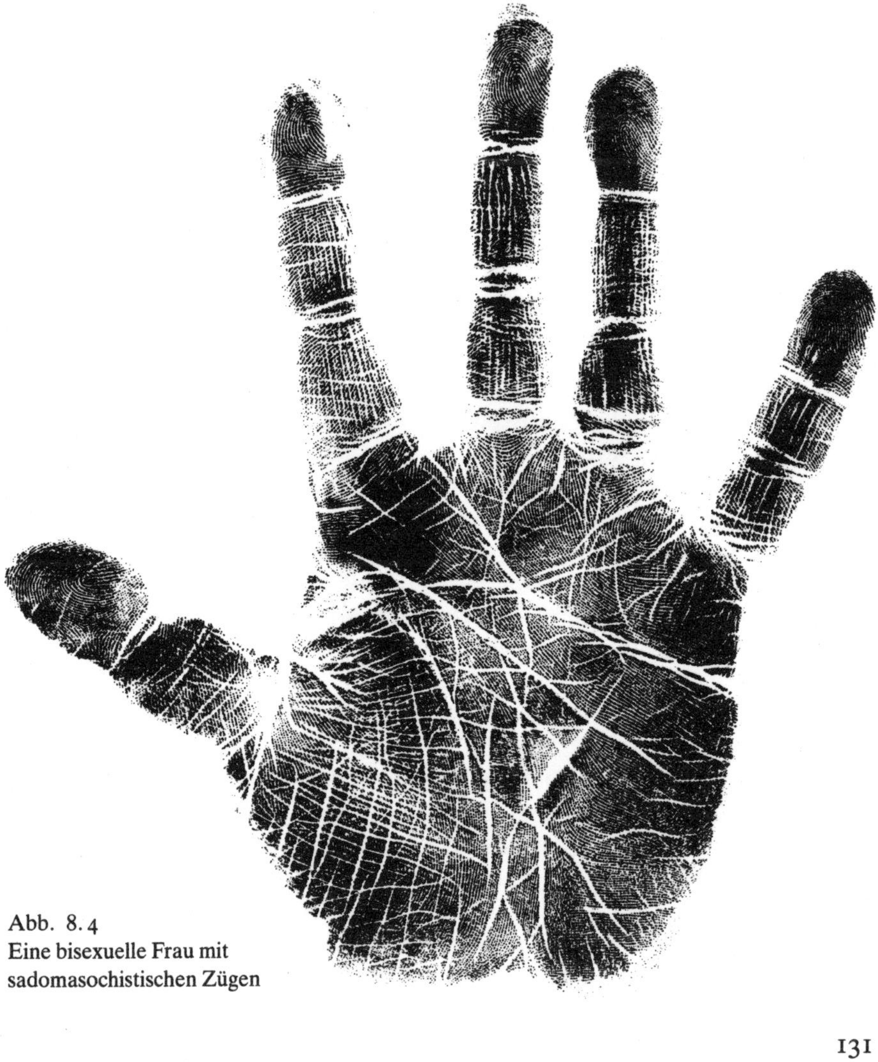

Abb. 8.4
Eine bisexuelle Frau mit sadomasochistischen Zügen

Getrenntheit von Kopf- und Lebenslinie würde ein bestimmtes Maß sexueller Unabhängigkeit offenbaren, ebenso ein vom Apollofinger abstehender Merkurfinger. Bei einer Person, die Dramatik und Rollenspiel liebt, wäre der Apollofinger lang und gut geformt. Ein Mensch, der in sadomasochistischen Szenen lieber den dominierenden Part übernimmt, hätte wahrscheinlich einen langen Jupiterfinger, einen starken Daumen und einen großen Kleinen Marsberg, vor allem wenn zum Rollenspiel aktiver körperlicher Einsatz wie etwa Peitschen gehört.

Viele dieser Merkmale finden sich in der Hand der vierundzwanzigjährigen bisexuellen Frau mit sadomasochistischen Vorlieben (Abbildung 8.4). Aber daraus können wir nicht schließen, daß alle Anhänger des Sadomasochismus ähnliche Handcharakteristika aufweisen. Genau wie Homosexuelle, Vegetarier oder wiedergeborene Christen, üben Menschen mit sadomasochistischen Neigungen die verschiedensten Berufe aus und vertreten die verschiedensten politischen Ansichten, und unter ihnen ist fast jeder in der Psychologie bekannte Persönlichkeitstyp vertreten.

Wie bei anderen sexuellen Präferenzen auch, besteht beim Sadomasochismus eine subtile Grenze zwischen Phantasie und Realität. Psychologen erklären, daß fast jeder Mensch irgendwann einmal an eine sexuell sadistische oder masochistische Handlung denkt, daß diese Vorstellungen jedoch selten, wenn überhaupt, in die Tat umgesetzt werden.

Andere Varianten

Weitere Möglichkeiten sexueller Äußerung sind Voyeurismus, Fetischismus, Exhibitionismus und Transvestitismus. Die Gesellschaft betrachtete diese Formen der Sexualität lange als gefährliche Perversionen, doch heute gelten sie als relativ harmlos, sofern die Partner – Kinder oder Erwachsene – nicht zum Mitmachen gezwungen werden. Derartige Aktivitäten sind häufig Ausdruck von Energieblockierungen auf physischer wie psychischer Ebene und können ihre Wurzel in Einsamkeit, sexueller Unterdrückung, Angst oder Mangel an Selbstachtung haben. Gleich anderen sexuellen Praktiken sollte der Chirologe sie in die Analyse miteinbeziehen, wenn befriedigende Beziehungen zu anderen Menschen dadurch gestört werden und wenn sie durch Erzeugung von Schuldgefühlen oder Angst Depressionen verursachen.

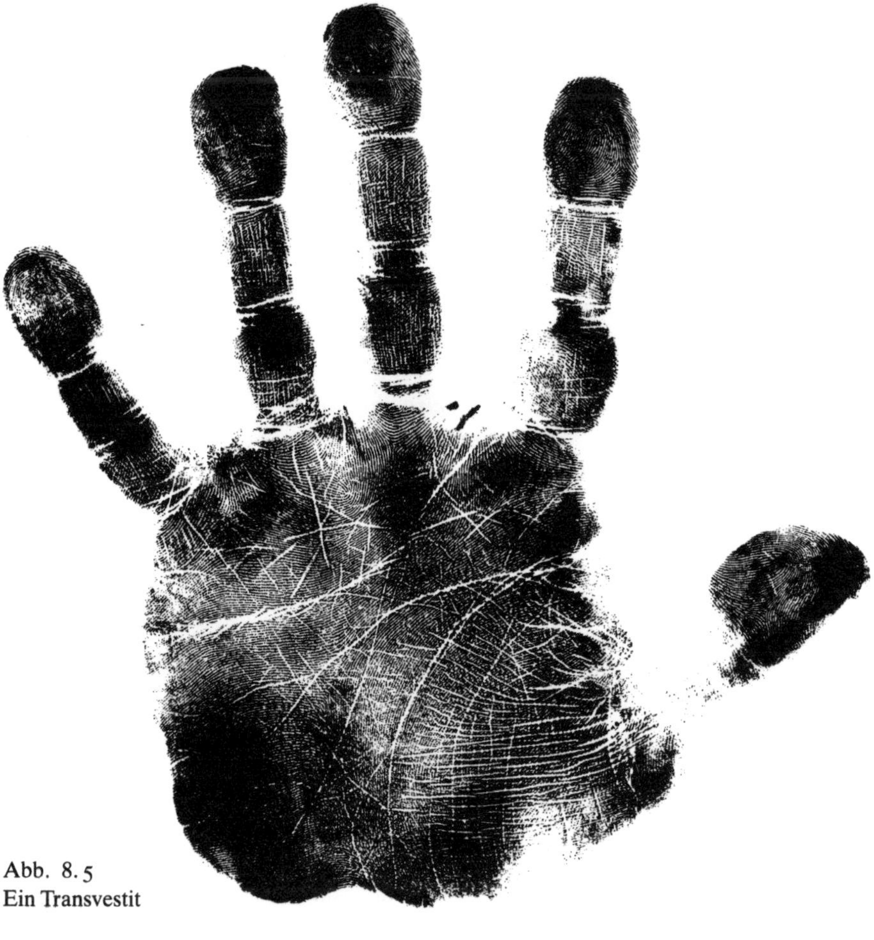

Abb. 8.5
Ein Transvestit

Abbildung 8.5 beispielsweise zeigt die Hand eines dreißigjährigen Buchhalters, der häufig Frauenkleider anzieht. Da er in einem großen Warenhaus auf der Fifth Avenue arbeitet, kann er sich die Kleider, Schuhe, Kosmetikartikel und Perücken größtenteils mit Angestelltenrabatt kaufen. Seine Handfläche enthält keine spezifischen Hinweise auf diese transvestitistischen Neigungen. Doch der starke Apollofinger und die dazugehörige Apollolinie signalisieren Schönheitsliebe und Stilgefühl, und beides kann Ausdruck finden in künstlerischem Talent, musikalischer Begabung oder der Art, sich zu kleiden. Der lange (und unabhängige) Merkurfinger zeugt von einer nonkonformistischen Sicht der Dinge und von guter Kommunikationsfähigkeit. Die abfallende Kopflinie verrät ausgeprägte Phantasie; allerdings stellt ein aufsteigender Ast das Gleichgewicht wieder her und indiziert jenen Sinn fürs Praktische, den ein Buchhalter braucht. Generell gesagt, ist der Mann vorsichtig, sorgfältig und ein bißchen geheimnistuerisch (wie an der Verbindung von Kopf- und Lebenslinie sowie dem geringen Abstand zwischen Herz- und Kopflinie zu erkennen ist). Ich analysierte die Hand dieses Mannes auf einem Flug nach Rio de Janeiro, wohin er eine Art Kunstwallfahrt unternahm, um sich das Carmen Miranda Museum anzusehen.

Sexueller Mißbrauch von Kindern

Ein wirklich ernstes Problem ist der sexuelle Mißbrauch von Kindern, über dessen tieferliegende Ursachen man auch heute noch wenig weiß, obwohl er (oft verbunden mit Inzucht) keineswegs selten vorkommt. In vielen Fällen wird dann auch noch das Opfer geschmäht statt der Täter, der nicht selten ein Verwandter oder ein Erwachsener ist, zu dem das Kind Vertrauen hatte.

Ein Hauptcharakteristikum dieser Täter ist, daß sie als Kinder oft selbst mißbraucht wurden. In der Hand sieht man das daran, daß eine ziemlich große Einflußlinie die Lebens- und die Kopflinie durchschneidet.

Menschen, die Kinder mißbrauchen, sind emotional gestört. Oft erkennt man dies an einer von Inseln durchsetzten Kopflinie sowie am dermoglyptischen «Perlenketten»-Muster, einem Anzeichen für Neurosen. Bei Menschen mit starkem Sexualtrieb müßte auch ein großer, rötlicher Venusberg vorhanden sein. Auf die Neigung zu Gewalt würden ein großer, derber Marsberg und Kleiner Marsberg, rötliche Nägel und eine grobe Hautstruktur hinweisen.

Man sollte annehmen, daß Menschen, die sich Kindern sexuell aufdrängen, keine Kontrolle über ihre Sexualität besitzen (folglich elastischer Daumen oder biegsame Hand); Untersuchungen ergaben jedoch, daß sie durchaus vorsätzlich handeln und sehr eigensinnig sein können. Viele von ihnen sind allerdings nicht fähig oder willens, sich einer psychologischen Behandlung zu unterziehen.

Wie bei den anderen sexuellen Praktiken, die wir in diesem Kapitel behandelt haben, ist es auch hier kaum zulässig, nach einem Blick auf die Handfläche zu sagen: «Dieser Mensch belästigt Kinder.» Man muß die Hand als Einheit gründlich untersuchen und im Hinblick auf das psychosexuelle Gesamtbild offen sein für intuitive Wahrnehmungen.

Es gibt in der Hand jedoch wichtige Merkmale, die schwerwiegende sexuelle Probleme anzeigen – nicht nur anomales sexuelles Verhalten, sondern auch Gewalttätigkeit gegenüber anderen. Diese Merkmale können die Tendenz offenbaren, über die normalen Grenzen von abwechslungsreichem Sex hinauszugehen und für andere eine Gefahr zu werden.

Auf ernste psychosexuelle Probleme verweisen unter anderem:

1. Hände und Finger, die im Verhältnis zur Körpergröße der Person anomal kurz oder lang sind.
2. Gleich lange Jupiter- und Saturnfinger oder gleich

lange Saturn- und Apollofinger. Dr. Charlotte Wolff, Verfasserin des Buches *Die Hand als Spiegel der Psyche,* stellte fest, daß sich solche Konfigurationen vorwiegend bei Schizophrenen finden.

3. Finger, die stark verdreht oder deformiert sind (vor allem Jupiter- und Merkurfinger), jedoch nicht als Folge von Arthritis oder Verletzungen.
4. Stark kettige, gebrochene oder von Inseln durchsetzte Kopflinien.
5. Fehlende Kopflinien (in beiden Händen) oder Kopflinien, die extrem schwach oder kurz sind (besonders wenn gleichzeitig eine starke, tiefe Herzlinie und ein großer, rötlicher Venusberg mit grober Hautstruktur vorhanden sind).
6. Ein Daumen, der anomal kurz und deformiert ist und so extrem hoch an der Hand sitzt, daß er dem eines Kleinkindes ähnelt.
7. Ein anomal großer, harter und roter Venusberg, vor allem wenn die Haut grob ist und wenn ihn ein Gitter bedeckt.
8. Ein Marsberg und Kleiner Marsberg, die anomal groß und rot sind, besonders bei gleichzeitigem Vorhandensein des oben beschriebenen Venusbergs.
9. Eine Affenlinie auf einer derben, schlecht geformten Hand, zumal wenn zwei oder mehr der aufgezählten Merkmale hinzukommen.

Die Existenz eines oder zweier dieser Merkmale heißt jedoch noch lange nicht, daß die Person ein sexueller Psychopath oder sexuell gewalttätig ist. Wie bereits erwähnt, zeigen die Handmerkmale *Möglichkeiten* auf. Außerdem wirken modifizierende Faktoren in der Hand bekanntlich negativen Eigenschaften entgegen, die Handform, Finger und Linien signalisieren.

Impotenz und Frigidität Physische, energetische und psychische Ursachen können bestimmte Funktionsstörungen zur Folge haben, zu denen blockiertes sexuelles Verlangen, gehemmte sexuelle Erregung, die Unfähigkeit, zum Orgasmus zu kommen, Erektionsschwierigkeiten, vorzeitiger Samenerguß und ausgeprägte Abneigung gegen jede Art von Sex gehören.

Es gibt in der Hand zwar keine deutlichen Zeichen für solche sexuellen Probleme, aber auf der Handfläche lassen sich mehrere Merkmale beobachten, die Entsprechendes signalisieren. Ein kleiner, schwacher oder sehr weicher Venusberg und eine dünne Hand von schlaffer Beschaffenheit lassen auf ein geringes Maß an sexueller Vitalität schließen. Eine Lebenslinie, die einen normal großen Venusberg durchschneidet, würde einen großen Teil der Wärme und Leidenschaft eliminieren, die dieser Berg normalerweise liefert. Eine schwache Herzlinie würde darauf hindeuten, daß Sexualität keinen vorrangigen Platz im Leben des Betreffenden einnimmt. Eine Einflußlinie, die sich mit der Herzlinie vereinigt oder sie bricht, kann ein tiefes emotionales Trauma offenbaren, das sich möglicherweise auf das sexuelle Verlangen der Person auswirkt. Schließlich können Zeichen für körperliche Krankheit (zu sehen an der Lebenslinie sowie an Linien, die mit Herz, Kopf und Magen in Beziehung stehen) Einfluß auf das sexuelle Interesse und die sexuelle Funktionsfähigkeit haben.

Manche Menschen «schalten sexuell ab», um sich vor jeder Art von Gefühl zu schützen. Personen mit einer langen, kettigen und tiefen Herzlinie haben – besonders wenn diese so weit abfällt, daß sie sich mit der Kopf- und der Lebenslinie verbindet – manchmal dermaßen Angst vor ihren Gefühlen, daß sie auf emotionaler sowie sexueller Ebene schlicht «ausrasten». Ihrem Partner kommen sie vielleicht kalt und gleichgültig vor, in Wirklichkeit aber fürchten sie sich nur vor ihren eigenen Gefühlen, seien es Abhängigkeits-, Sehnsuchts- oder Zorngefühle. Oft gehen mit abgeblockten Gefühlsäußerungen Energieblockierungen im Körper einher, die einen freien Energiefluß während des Geschlechtsverkehrs verhindern. Eine ausführlichere Erörterung dieser Problematik finden interessierte Leser in Alexander Lowens Buch *Liebe und Orgasmus*.

Die oben angeführten Handmerkmale zeigen nur allgemeine Möglichkeiten auf. Bevor wir ein individuelles Problem untersuchen, müssen wir es im Licht *der jeweils speziellen Beziehung* und der bewußten oder unbewußten energetischen Verbindung zwischen den Partnern betrachten. In dieser Partnerschaft kann die Frau frigide oder der Mann impotent sein. Verschiedene Menschen reagieren verschieden, je nach ihrer «Chemie» beim Zusammensein, ihren vergangenen negativen Erfahrungen, ihren Zorn-, Eifersuchts- oder Schuldgefühlen und ihren sexuellen Unterdrückungsmechanismen. Streß im Beruf oder andere äußere Faktoren können sich ebenfalls auswirken. Denken Sie daran, das Problem im Rahmen der Beziehung (siehe folgendes Kapitel) zu beobachten. Ist es jedoch chronisch – das heißt, zeigte der Mann beispielsweise auch in seinen vier vorausgegangenen Beziehungen dieselben Schwächen –, dann handelt es sich eher um ein individuelles Problem, mit dem man sich entsprechend befassen sollte.

Bedenken Sie, daß Menschen, die verunsichert, gehemmt oder zornig sind, nicht unbedingt auch impotent oder frigide sein müssen; darum sollte man sich vor verallgemeinernden Aussagen hüten. Wenn aber die sexuelle Funktionsstörung von einem Betroffenen ausdrücklich als Problem bezeichnet wird, kann der Chirologe nützliche Erkenntnisse vermitteln und dem Klienten zu einer befriedigenden sexuellen Beziehung verhelfen.

Wenn wir andere Menschen mittels Handanalyse beraten, ist es unsere Pflicht, ihnen zu helfen, Kontakt mit ihrer eigenen Wirklichkeit aufzunehmen. Gleichzeitig müssen wir ihr Selbstbewußtsein durch konstruktiven Rat stärken, damit sie den nächsten Schritt tun können. Indem wir lernen, Verbindung zum innersten Wesen jener Menschen aufzunehmen, die im Zusammenhang mit sexuellen Wünschen oder sexuellen Problemen unsere Hilfe suchen, können wir als wirksamer Katalysator fungieren und dazu beitragen, daß sie ihr wahres Potential zu persönlichem Wachstum und Glück erkennen.

9 Harmonische Beziehungen

Ob wir unsere eigenen Hände studieren wollen oder versuchen, die Hände anderer Menschen zu deuten, wichtig ist, daß wir bestimmte Grundkenntnisse über die Dynamik menschlicher Beziehungen besitzen und wissen, wie eine Beziehung das Leben der Partner beeinflussen kann. In einer engen Verbindung mit einer anderen Person (egal ob als Ehe oder freie Partnerschaft) wird ständig unsere Fähigkeit, Vertrauen zu haben, Kompromisse zu schließen, Verletzungen hinzunehmen oder Gefühle zu äußern, auf die Probe gestellt. Wenn wir mit jemandem ein Liebesverhältnis eingehen, sind wir aufgefordert, diesen Partner völlig zu akzeptieren, ungeachtet seiner Unvollkommenheiten. Wenn wir lernen, unseren Partner «anzunehmen», fällt uns das auch leichter bei anderen Menschen. Wir werden auf psychischer und geistiger Ebene stärker eins mit der Welt.

John L. Hoff sagt hierzu in seinem Essay «Practical Friendship»:

> Wir müssen wissen, wie man eine Beziehung herstellt und wie man dieses Kraftfeld als Energie nutzt, die uns nährt und leitet – sie ist die Hauptquelle der menschlichen Evolution und spirituellen Entwicklung. Denn in Beziehungen arbeiten wir zusammen, um eine bessere Welt zu schaffen.

Wenn wir die Hand eines anderen Menschen auf mögliche Beziehungen untersuchen, müssen wir uns bewußt sein, daß unter Umständen eine Ehe (oder auch nur ein eheähnliches Verhältnis) nicht zu empfehlen ist. Viele Menschen sind gar nicht bereit für eine Ehe und sollten keinesfalls dazu gedrängt werden. Für manche kann die Freiheit und die damit verbundene Unabhängigkeit und Abwechslung zu diesem Zeitpunkt ihres Lebens von größerem Nutzen sein als eine Ehe oder ausschließliche Partnerschaft.

Wer jedoch eine enge, dauerhafte Bindung eingehen möchte, sollte seine wahren Motive kennen und sich etwaiger Ängste oder psychischer Blockierungen bewußt werden, die die Entwicklung einer befriedigenden, menschlich bereichernden Beziehung verhindern könnten. Jenen Menschen, die bereits in einer Partnerschaft leben, müssen die potentiellen Stärken und Schwächen ihrer Beziehung bewußtgemacht werden, damit sie ein höheres Maß an Harmonie und Intimität mit ihren Partnern erreichen können. Eine der Hauptaufgaben von Chirologen besteht darin, anderen zu größerer Selbstkenntnis zu verhelfen, damit für ihre gegenwärtigen oder künftigen Beziehungen tunlichst nicht die Erwartungen der Gesellschaft ausschlaggebend sind, sondern ihre eigenen Bedürfnisse und Bestrebungen. Auf den folgenden Seiten wollen wir sehen, wie uns die Hand helfen kann, dieses wichtige Ziel, besseres Selbstverständnis und größere Selbstverwirklichung, zu erreichen.

Verbindungslinien

Die sogenannten «Ehelinien» in der Hand sind in Wirklichkeit Verbindungslinien. Sie signalisieren die Möglichkeit einer wichtigen Beziehung im Leben des Betreffenden und das ungefähre Alter, in dem es zu dieser Beziehung kommen könnte. Die Verbindungslinien liegen zwischen der Herzlinie und dem Merkurfinger und verlaufen von der Handkante horizontal über den Merkurberg. Je früher es zu der Beziehung kommt, desto weiter unten an der Hand befindet sich die Linie, während spätere Beziehungen

Abb. 9.1
Verbindungslinien

weiter oben auf dem Berg erscheinen, wie auf Abbildung 9.1. zu sehen. Die Länge der Linie offenbart nicht nur die mögliche Dauer der Beziehung, sondern auch ihre Bedeutung im Leben dieses Menschen.

Wie bereits erwähnt, indiziert die Verbindungslinie die Möglichkeit einer wichtigen Beziehung sexueller oder auch nichtsexueller Art zu einem Mann oder einer Frau. Gelegentlich – etwa in den Händen von Menschen, deren Ehe ohne emotionalen «Tiefgang» ist – verweist eine starke Verbindungslinie auf einen engen Freund oder eine enge Freundin, zu dem oder der eine intensive (aber nicht unbedingt sexuelle) Beziehung besteht. Der Partner in einer solchen «Verbindung» ist in den meisten Fällen kein enger Verwandter wie Vater, Mutter, Bruder oder Schwester, sondern jemand, der nicht zur Familie gehört. Der Handausschnitt auf Abbildung 9.2 zeigt zwei größere Verbindungslinien. Die frühe, erste Verbindung war eine dreißigjährige Ehe, die mit dem Tod des Mannes endete. Die zweite Linie repräsentiert eine gute Freundschaft, eine enge nichtsexuelle Beziehung, die seit fast vierzig Jahren besteht.

Wie man hieraus ersieht, ist manchmal schwer zu beurteilen, ob eine Verbindungslinie eine traditionelle Ehe anzeigt oder nicht. Weil die Handanalyse aber nicht nur eine Wissenschaft, sondern auch eine Kunst ist, kann die Intuition des Deuters bei der Bewertung bestehender oder künftig entstehender eheähnlicher Beziehungen eine wichtige Rolle spielen.

Abb. 9.2
Verbindungslinien

Idealerweise sollte die Verbindungslinie klar, gerade und lang sowie frei von Inseln und Unterbrechungen sein. Je länger und tiefer die Linie, desto längerdauernd und wichtiger die Beziehung. Inseln und Unterbrechungen in einer Verbindungslinie verweisen auf eine entsprechende Schwäche der Beziehung in dem aus der Linie herauszulesenden ungefähren Alter des Betreffenden. Leider gibt es auf Verbindungslinien kein sicheres Alterszeichen, denn gelegentlich zeigt die Länge auch den fortbestehenden Einfluß einer Beziehung auf den Handbesitzer an, nachdem diese «offiziell» bereits zu Ende ist. Auch hier kann die Intuition wieder von Nutzen sein. Größere Probleme wie Unvereinbarkeit der Charaktere, Persönlichkeitskonflikte, Bindungsschwäche und Untreue äußern sich in der Linie oft als Inseln oder Unterbrechungen.

Denken Sie bei der Prüfung einer Verbindungslinie daran, daß sie Veränderungen unterliegt. Abbildung 9.3 beispielsweise ist der Handabdruck eines dreiundzwanzigjährigen Mannes. Er interessierte sich zu dem Zeitpunkt nicht für eine feste Bindung und bezwei-

Abb. 9.3
Veränderung in den Verbindungslinien (a)

felte, daß er je heiraten würde. Die Linie ist schwach und gebrochen, was die Möglichkeit einer schwierigen, kaum beständigen Beziehung andeutet. Einige Jahre später lernte er eine Frau kennen und verliebte sich. Nach der Heirat begann sich seine Verbindungslinie zu ändern, wie auf Abbildung 9.4 zu sehen: Die gebrochene Linie wurde tiefer und länger. Die Ehe ist von Liebe und Harmonie geprägt, und es besteht gute Aussicht, daß sie noch viele glückliche Jahre währt.

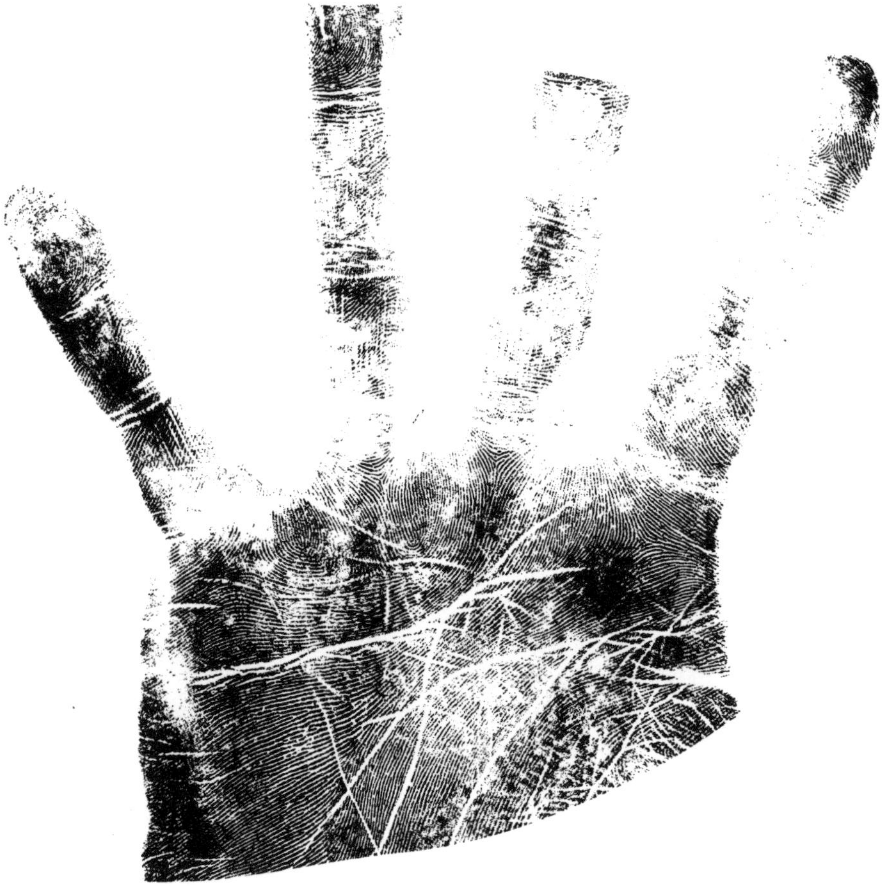

Abb. 9.4
Veränderung in den Verbindungslinien (b)

Dieses Beispiel macht deutlich, daß man sich hüten sollte vor Vorhersagen wie: «Sie werden sich im Alter von etwa vierzig Jahren scheiden lassen», oder: «Sie werden nie heiraten.» Damit können Sie völlig falsch liegen und vor allem eine «selffulfilling prophecy» heraufbeschwören. Wenn Sie die Möglichkeit einer Trennung sehen, ist es vielleicht hilfreicher zu sagen: «Ich sehe einen eventuellen Bruch, sofern Sie und Ihr Ehepartner nicht an Ihrer Beziehung arbeiten.» Damit weisen Sie nicht nur auf ein möglicherweise entstehendes Problem hin, sondern helfen dem Betreffenden auch, die Situation in den Griff zu bekommen, statt alles einfach «dem Schicksal» zu überlassen.

Eine Verbindungslinie, die am Ende stark abfällt, bedeutet nach meiner Erfahrung, daß der Partner dieser Person wahrscheinlich als erster stirbt. Eine Spaltung der Linie kann einen Bruch der Beziehung ankündigen, oder die Verbindung erfährt eine tiefgreifende Wandlung, bei der sich ihr Inhalt und ihre Richtung völlig ändern. Dies geschieht oft in der sogenannten «Midlife-crisis», wenn die Kinder das Haus verlassen und nicht länger einen der Brennpunkte im Leben des Ehepaares bilden.

Laut Andrew Fitzherbert kann eine Gabelung am Ende einer Verbindungslinie auf eine unerfreuliche Scheidung hindeuten. Seiner Ansicht nach zeigt eine solche Linie an, daß die Beziehung nicht in gegenseitigem Einvernehmen endet, sondern unter Schmerzen, Traumen und wechselseitigen Beschuldigungen.

In seltenen Fällen steigt die Verbindungslinie plötzlich steil an oder fällt jäh ab, wie auf Abbildung 9.5 zu sehen. Das offenbart, daß es diesem Menschen schwerfällt, eine tiefe Gefühlsbindung einzugehen, und daß es bei ihm wohl kaum zu einer Beziehung mit «Ehequalität» kommen wird. Auf einen ähnlichen Stand der Dinge verweist das Fehlen der Verbindungslinie, während winzige, schwache Verbindungslinien kurze und wahrscheinlich oberflächliche

Abb. 9.5
Abfallende Verbindungslinie

Beziehungen signalisieren, die bestenfalls einige Jahre halten dürften.

Bestimmung der Verträglichkeit

Ein aufregender Zweig der modernen Chirologie sind die Verträglichkeitsstudien der Hände zweier Partner zur Ermittlung möglicher Harmonie- bzw. Konfliktbereiche sowie der Probleme Eifersucht, Zurückgezogenheit und Dominanz, die bereits früher erörtert wurden. Der Chirologe, der ein Paar darüber informieren will, ob und wie gut es zusammenpaßt, muß große Vorsicht walten lassen und sollte so etwas erst wagen, wenn er eine gewisse Erfahrung in der Handanalyse gesammelt hat.

Natürlich gibt es viele Gründe (offensichtliche und verborgene), warum zwei Menschen beschließen, eine Ehe oder eine Liebesbeziehung einzugehen. Die beiden können gemeinsame Interessen haben und das Zusammensein genießen. Sie können ein gutes sexuelles Verhältnis haben und dabei dennoch ihre persönlichen Ziele weiterverfolgen. Einige blühen regelrecht auf durch das Zusammenleben mit einem völlig andersgearteten Partner, und viele Paare bleiben beieinander, obwohl es immer wieder zu Reibereien und sogar Konflikten kommt. Manche sind zusammen, weil ihnen das Aussehen, der Humor oder das Bankkonto des Partners gefallen. Andere verstehen sich vielleicht geistig sehr gut, haben die gleichen politischen Ansichten oder verkehren in den gleichen gesellschaftlichen Kreisen. In manchen Fällen kann die Beziehung durch «Karmabande» zusammengehalten werden, und das Paar lebt gemeinsam, weil es Partnerschaftsprobleme aus einer früheren Existenz lösen muß. Derartige Beziehungen können sich sehr schwierig gestalten, sind jedoch für die Betroffenen überaus wichtig. Deshalb muß der Handdeuter äußerst vorsichtig sein mit Aussagen, ob es ratsam ist, eine solche Beziehung zu knüpfen bzw. fortzusetzen.

Der Chirologe kann zwei Menschen einen guten Dienst erweisen, indem er beiden durch eine gründliche, sorgfältige Analyse ihrer Hände die Stärken und Schwächen bewußtmacht, die ihrer Beziehung innewohnen; aber die Entscheidung über die Zukunft der Beziehung muß er unbedingt den betroffenen Personen selbst überlassen.

Eheberater kennen zwar kein unfehlbares Rezept, das eine dauerhafte, harmonische Verbindung garantiert, aber die Fachleute haben einige wichtige Faktoren ermittelt, die dazu beitragen können, daß eine Beziehung im Laufe der Jahre tiefer und widerstandsfähiger wird.

Der vielleicht wichtigste Punkt betrifft die Ähnlichkeiten bzw. Unterschiede zwischen den betroffenen Personen. In dem Buch *Teste dich selbst* erklären die Autoren Eysenck und Wilson, daß «Partnerschaften erfolgreicher sind, wenn sie auf Ähnlichkeiten statt auf vermeintlicher Ergänzung basieren», und daß von Ehevermittlungen einhellig die Ansicht vertreten wird, ähnliche Persönlichkeitsmerkmale und Interessen seien entscheidende Voraussetzungen für erfolgreiche, dauerhafte Beziehungen. Andererseits weisen einige Experten darauf hin, daß eine Beziehung zwischen zwei gegensätzlichen Charakteren oft bessere Gelegenheit zur geistigen und psychischen Entwicklung bietet, weil jeder der Partner durch die Reibung, die das Zusammensein mit einem andersgearteten Menschen erzeugt, mehr über sich selbst und die Beziehung zueinander lernen kann.

In Anbetracht dieser Polaritäten entstünde eine ideale Beziehung wohl am ehesten zwischen zwei Menschen, bei denen in den wirklich wichtigen Bereichen starke Ähnlichkeit herrscht, aber Raum genug für Verschiedenartigkeiten bleibt, die ihre Beziehung interessanter machen würden. Idealerweise wären die Partner über grundlegende Fragen wie die Einstellung zu Religion, Politik und dem Wunsch nach Kindern einer Meinung (oder würden zumindest die

Meinung des jeweils anderen respektieren). Und auch ihre Ansichten über Ernährung, Rauchen und Sex sollten weitgehend übereinstimmen.

Abgesehen von der erotischen Anziehung, sollte das Paar vom energetischen und vom psychischen Standpunkt aus sexuell zusammenpassen. Hat die Beziehung ein solides sexuelles Fundament, bestehen wesentlich bessere Chancen, daß sie lange hält. Eng verknüpft mit dem Sex ist das Kommunikationsvermögen. Die Fähigkeit, sich dem anderen ohne Schwierigkeiten mitzuteilen, hilft zwei Menschen nicht nur bei der praktischen Lösung von Konflikten, zu denen es in jeder Partnerschaft kommt, sondern ermöglicht ihnen auch, einander genauer kennenzulernen. Die beiden haben es in der Hand, eine auf gegenseitigem Vertrauen und gegenseitiger Wertschätzung basierende Beziehung aufzubauen. Durch offene, positive Kommunikation kann jeder der Partner lernen, die Stärken des anderen zu fördern, statt nur dessen Schwächen zu kompensieren.

Der Schlüssel zu einer erfolgreichen Beziehung liegt jedoch in der Verträglichkeit auf mehreren Ebenen (nämlich der physischen, emotionalen, geistigen und seelischen) und nicht allein darin, daß zwei Menschen sexuell gut zusammenpassen oder einander geistig anregen. Omraam Mikhaël Aivenov schreibt dazu in seinem Buch *Love and Sexuality*:

> Das Ideal ist Harmonie auf allen drei Ebenen, also das Vorhandensein gegenseitiger physischer Anziehung, gleichgelagerter Vorlieben und gleichartiger Gefühle ... Und das Wichtigste von allem: Es muß Einigkeit herrschen in weltanschaulichen Fragen und im Hinblick auf ein gemeinsames Ziel.

Wenn man für ein Paar eine Verträglichkeitsuntersuchung durchführt, muß man bestimmten Aspekten der Hand besondere Aufmerksamkeit schenken. Differenzen in einem oder zwei Bereichen wären nicht unbedingt besorgniserregend, doch mehr Bereiche mit großer Verschiedenheit lassen auf eine schwierige Beziehung schließen.

Weil die *Form* der Hand das grundlegende Temperament aufzeigt, sollte sie die Basis für eine Verträglichkeitsanalyse bilden. Hat ein Partner eckige Hände, der andere dagegen konische, werden die beiden vermutlich die Welt sehr unterschiedlich sehen. Der Besitzer der eckigen Hand dürfte Organisationstalent und praktisches Geschick haben, alles sollte möglichst in geregelten Bahnen verlaufen, während sein Partner eher zum Instinktiven, Spontanen und Romantischen tendieren würde. Untersuchen Sie unbedingt beide Hände gründlich auf bestätigende oder modifizierende Aspekte. Bei einer eckigen Hand würde beispielsweise die Getrenntheit der Lebens- und der Kopflinie die Spontaneität steigern, und bei einer konischen Hand würde eine lange, gerade Kopflinie die Tendenz verstärken, praktisch und realistisch zu sein. Die Biegsamkeit von Hand und Daumen sowie die Handbeschaffenheit sollten ungefähr übereinstimmen, damit ein gewisses Maß an Harmonie herrscht in der Art, wie die Partner den Herausforderungen des Lebens begegnen und sich mit ihrer Umwelt arrangieren.

Da der Venusberg unser wichtigster Gradmesser für physische und sexuelle Energie ist, kommt ihm bei der Verträglichkeitsanalyse vorrangige Bedeutung zu. Idealerweise sollten beide Partner Venusberge von vergleichbarer Größe im Verhältnis zu ihrem Körperbau haben. Ist der Sexualtrieb bei einem Partner stark, beim anderen hingegen schwach ausgeprägt, könnten ernste Probleme entstehen, die eine ansonsten harmonische Beziehung nachhaltig beeinträchtigen.

Eng mit der Sexualenergie verknüpft ist die sexuelle Persönlichkeit, die weitgehend von der Herzlinie bestimmt wird. Haben beide Partner eine tiefe «physische» Herzlinie, finden beide Gefallen an den rein sexuellen Aspekten der Liebe, während Menschen mit einer geraden «geistigen» Herzlinie mehr Gewicht auf Zärtlichkeit und Gefühle legen. Ausnahmen gibt es natürlich immer, aber ein Mensch mit einer kurzen, unter dem Saturnberg endenden «physischen» Herzlinie und eine Person mit einer langen, unter dem Jupiterberg endenden geistigen Herzlinie würden sich auf sexueller Ebene wahrscheinlich kaum vertragen. Ob Herzlinien verschiedenen Typs und unterschiedlicher Länge in einer Partnerbeziehung ein Problem darstellen oder nicht, kann man durch das Studium anderer Aspekte der Hand ermitteln, darunter des Venusbergs (zeigt den Sexualtrieb an), des Merkurfingers (offenbart die Fähigkeit zur Kommunikation) und der Handbeweglichkeit (sie könnte zeigen, inwieweit jemand in der Lage ist, sich dem sexuellen Stil eines anderen anzupassen).

Ein weiterer mit der Verträglichkeit zusammenhängender Faktor ist die Sensibilität. Idealerweise wäre in einer Beziehung der Grad an Sensibilität bei beiden Partnern etwa gleich, denn dann bestünde größere Wahrscheinlichkeit, daß jeder sich der Gefühle und Bedürfnisse des anderen bewußt ist. Eine feine Haut oder eine Vielzahl von Linien sind klare Anzeichen für ein sensibles Naturell, wichtig wäre aber außerdem noch eine kettige oder geflochtene Herzlinie, weil sie tiefe Gefühle widerspiegelt. Sollten jedoch beide Partner übersensibel sein (wie der Besitzer der auf Abbildung 9.6 gezeigten Hand), könnten Schwierigkeiten auftreten, weil vermutlich bei fast allen Konflikten oder Problemen beide überreagieren und aus einer Mücke einen Elefanten machen würden. Ist einer der Partner ein bißchen weniger sensibel als der andere, stehen die Chancen für ein ausgewogenes Verhältnis besser.

Steife Daumen und Hände enthüllen die Neigung zu Hartnäckigkeit und Eigensinn. Besitzen beide Partner dieses Charaktermerkmal, würde sich bei einer Streitfrage keiner zu einem Kompromiß bereitfinden. Deshalb ist es wichtig, daß wir andere

Abb. 9.6
Hypersensibilität

Aspekte der Hände untersuchen, um herauszufinden, ob die beiden wenigstens in den wichtigen Bereichen zusammenpassen und ihr angeborener Eigensinn sich auf unbedeutendere Fragen beschränkt. Wenn dies der Fall ist, könnte der Handleser ihnen nahelegen, sich ihres Eigensinns bewußt zu werden und sich zu bemühen, Kompromißbereitschaft sowie Verständnis für den Standpunkt des Partners zu entwickeln.

Andere Faktoren, wie Intelligenz, Temperament, emotionale Stabilität, Zuverlässigkeit, Selbstachtung, Geduld, Impulsivität und Kommunikationsfähigkeit, können eine wichtige Rolle spielen, wenn man in einer Beziehung die Verträglichkeit der Partner zu bestimmen versucht. Darum sollte der Chirologe über solide Grundkenntnisse der Handanalyse verfügen, damit er sich einen richtigen Überblick über sämtliche Aspekte der Hand als Einzelmerkmale und als Teil eines psychologischen Gesamtbilds zu verschaffen vermag.

Bei der Beratung von Einzelpersonen oder Paaren leisten wir den besten Dienst, wenn wir den betreffenden Personen helfen, sich deutlicher bewußt zu werden, *wer sie sind,* tieferes Verständnis ihrer individuellen Stärken und Schwächen zu erlangen und zu erkennen, wie diese als potentielle Schranken und verborgene Möglichkeiten in ihrer Beziehung sichtbar werden können. Indem wir die Kernpunkte klarstellen und jeden in die Lage versetzen, sich seines psychosexuellen Naturells und dessen möglichen Einflusses auf die Beziehung bewußt zu werden, helfen wir ihm, die persönliche Verantwortung für sein Leben zu übernehmen.

Wenn wir jedoch keine Ausbildung in Eheberatung oder Psychotherapie besitzen, müssen wir uns vor jeder speziellen Beratung und vor Therapie jeglicher Art hüten. Haben wir das Gefühl, daß der Mensch, dessen Hand wir analysieren, eine besondere Beratung oder Therapie braucht, müssen wir ihn an den entsprechenden Fachmann verweisen.

5

TEIL III

Mittlerweile dürften Sie gründliche Kenntnisse über das Wesen der psychosexuellen Chirologie haben. In den letzten Kapiteln wollen wir nun die mehr praktischen Aspekte behandeln, das «Gewußt wie» der Handanalyse und der Herstellung von Handabdrücken.

10 Wie man in den Händen liest

Die Deutung der Hand eines anderen Menschen ist eine ernste Sache und verlangt großes Verantwortungsbewußtsein. Bei der Handanalyse gestattet, einfach ausgedrückt, eine Person einer anderen, einen Teil ihres Körpers zu untersuchen und dann Aussagen über so persönliche und diffizile Angelegenheiten wie ihre Sexualität zu machen. In gewissem Sinne kann man die Handanalyse mit dem Lesen von Privatbriefen oder eines Tagebuchs vergleichen. Weil dies so ist, trägt der Chirologe volle Verantwortung für das, *was* während einer Beratung gesagt wird und *wie* es gesagt wird.

Von großer Bedeutung ist die unterschwellige Absicht des Handlesers. Eine Analyse darf nie benutzt werden, um zu beeindrucken oder zu verführen, um Macht oder Kontrolle über das Leben einer anderen Person zu erlangen. Der Chirologe muß sich um größtmögliche Objektivität bemühen, dabei aber während der Deutung engen Kontakt mit dem Betroffenen halten. Eine entscheidende Komponente jeder Handanalyse ist Ehrlichkeit, wir müssen jedoch alle Beobachtungen und Empfehlungen nicht nur wahrheitsgemäß, sondern auch taktvoll und vorurteilsfrei vermitteln. Wenn das, was wir zu sagen haben, diese Anforderungen nicht erfüllt, ist es besser zu schweigen.

Andererseits dürfen wir nicht der Versuchung erliegen, uns nur auf die positiven Aspekte der Hand zu konzentrieren. Wir müssen dem anderen helfen, sich seiner Talente *und* Grenzen bewußt zu werden, und erweisen ihm durch Beschönigung von negativen Aspekten oder Konfliktbereichen in seinem Leben keinen Gefallen, vor allem dann nicht, wenn es um sexuelle und Beziehungsprobleme geht.

Beachten muß man auch das *Timing*. In manchen Situationen ist es nicht empfehlenswert, gewisse Informationen weiterzugeben, vor allem wenn wir das Gefühl haben, daß sie unnötig Kummer verursachen würden oder daß der Betroffene im Moment gar nicht fähig ist, sich mit diesem oder jenem Punkt auseinanderzusetzen. Unser Hauptziel ist zwar, den Menschen zu helfen, die bei uns Rat suchen, aber wir müssen uns immer darüber im klaren sein, daß wir als Handanalytiker keine Therapie praktizieren, schon gar keine Sexualtherapie. Eine Therapie ist ein nach bestimmten Regeln verlaufender, längerdauernder Prozeß mit tiefenpsychologischer Beeinflussung des Klienten und darf nur von einem qualifizierten Fachmann durchgeführt werden.

Eine Beratung dagegen dauert relativ kurz und befaßt sich gewöhnlich mit einem begrenzten Gebiet wie Gesundheit, Berufslaufbahn oder Partnerbeziehung. Oft beeinhaltet die Aufgabe des Handdeuters ein bestimmtes Maß an Beratung, doch ist diese nicht das Hauptziel. Unsere wichtigste Aufgabe ist vielmehr die *Erziehung,* wozu eine einmalige Beratung in Form einfacher Weitergabe von Informationen gehört. Die Person, deren Hand analysiert wird, möchte etwas über sich selbst erfahren, um danach besser, «richtiger» leben zu können. Es ist durchaus möglich, daß eine chirologische Beratung die Person veranlaßt, bei einem Fachmann Hilfe zu suchen oder eine Therapie zu beginnen, aber das Handlesen als solches dient nicht in erster Linie diesem Zweck. Darum mißbilligen viele Chirologen häufige Beratungen (sie beschränken sie gewöhnlich auf eine oder zwei im Jahr) und verweisen den «Kunden» bei Bedarf an einen geeigneten Berater oder Therapeuten.

Das Schwierigste für den Handanalytiker ist vielleicht, persönliches Interesse am Klienten zu nehmen und dabei nicht zu vergessen, daß dieser für sein Leben selbst verantwortlich ist. Trotzdem dürfen wir ihn, wenn wichtige Lebensfragen zur Sprache kommen, nicht hängenlassen, sondern sollten versuchen, ihn zum «nächsten Schritt» hinzuführen. Stephen Arroyo schreibt in seinem ausgezeichneten Buch *Astrologie, Psychologie und die vier Elemente*:

> Man sollte sich darüber im klaren sein, daß es wenig Sinn hat, nur Ratschläge zu erteilen, ohne auch einen Weg zu tieferem Verständnis aufzuzeigen, denn jeder Mensch muß seine Arbeit selbst leisten und durch eigene Erfahrung zu jenem höheren Bewußtsein gelangen, das befähigt, ein Problem zu überwinden oder über es hinauszuwachsen.

Der Analyseprozeß kann auch erfordern, daß der Handdeuter dem Klienten bestimmte Reaktionen und Fragen entlockt, damit dieser in der Analyse eine aktive Rolle übernimmt und nicht nur passiver Zuhörer bleibt. Eine solche Teilnahme bewirkt unter anderem, daß der «Kunde» selbst Problemlösungen sucht. Sehr oft kennt ein Mensch nämlich die Lösung für seine Probleme im tiefsten Innern, aber er ist es gewöhnt, die Augen davor zu verschließen oder darauf zu warten, bis jemand anders sie ihm liefert.

Häufig versäumen Chirologen es, für Ungestörtheit und Geheimhaltung zu sorgen. Ich pflege – von Ausnahmefällen abgesehen – die Hand einer Person an einem stillen Platz zu deuten, allein mit ihr, ohne Anwesenheit Dritter, die zuschauen und Kommentare abgeben oder Fragen stellen. Bei einer Verträglichkeitsanalyse für ein Paar empfiehlt es sich meist, zuerst die Hände jedes der Partner allein zu analysieren und erst danach mit beiden gemeinsam über ihren «Hand-Inhalt» zu sprechen.

Ein Tonbandgerät hat zwar manchmal zur Folge,

daß der Klient während der Analyse weniger aufmerksam ist, aber im Prinzip ist nichts dagegen einzuwenden. Ich diskutiere eine Handdeutung nie mit Dritten; die Analyse der Hand eines Menschen ist meine und seine *gemeinsame* Aufgabe, doch nach Beendigung der Beratung gehen mich die Informationen nichts mehr an. Daran muß man ganz besonders denken, wenn man sexuelle Fragen behandelt.

Für die Deutung einer Hand gibt es keine festgelegte Methode oder Technik. Ich empfehle jedem Analytiker, eine eigene Methode zu entwickeln. Das folgende allgemeine Verfahren könnte dabei jedoch für jeden von Nutzen sein.

Vorbereitung

Bevor Sie mit der Analyse einer Hand beginnen, sollten Sie sich bewußtmachen, welches Privileg und welche Verantwortung damit verbunden sind. Meditation und Gebet sind als Vorbereitung sehr nützlich und helfen Ihnen, Verbindung mit Ihrem innersten «Kern» oder höheren Ich aufzunehmen und in engeren Kontakt mit Ihrer Intuition zu treten.

Fragen Sie den Klienten als erstes, ob bei ihm schon einmal eine Handanalyse vorgenommen wurde. Weisen Sie darauf hin, daß die Hände gewöhnlich keine definitiven Fakten aufzeigen, sondern nur Tendenzen und daß sich die Linien im Laufe weniger Wochen verändern können. Erkundigen Sie sich nach seinem Alter, und stellen Sie fest, ob er Rechts- oder Linkshänder ist. Erklären Sie ihm, daß die passive Hand eher eine Art Lagerhaus unserer Möglichkeiten ist und die aktive Hand deutlicher ausdrückt, was wir aus diesen Möglichkeiten machen.

Das Betrachten der Hände

Setzen Sie sich Ihrem «Kunden» genau gegenüber, nehmen Sie seine beiden Hände in Ihre, und blicken Sie darauf. Schließen Sie einen Moment lang die Augen, und sprechen Sie ein stummes Gebet, das Ihnen hilft, sich zu konzentrieren und Ihr Bestes zu geben. Ich sage einfach stumm: «Dein Wille geschehe.« Ein Freund von mir betet lieber: «Ich bitte darum, daß alles, was ich ihm/ihr jetzt sage, zu seinem/ihrem Besten und zum Besten aller Betroffenen ist.» Diese kurze spirituelle Konzentration muß nicht so auffällig sein, daß der Klient sie bemerkt; Sie können so tun, als würden Sie sich nur kurz sammeln, bevor Sie mit der Analyse beginnen.

Betrachten Sie beide Hände sorgfältig. Notieren Sie die Größe, Form, Hautstruktur und Biegsamkeit. Notieren Sie die Stellung und Länge der Finger, und ermitteln Sie den grundlegenden Handtyp. Haben Sie keine Bedenken, die Hand während der Untersuchung behutsam zu berühren, zu biegen und zu drücken.

Sehen Sie sich die Finger genau an, und achten Sie besonders auf ihre Größe, Biegsamkeit, Form und Kontur. Sind irgendwelche Finger verbogen? Welche stechen hervor, und welche sind schwach? Wie sitzen sie an der Hand?

Betrachten Sie die Nägel, und bitten Sie die Person, die Hände weit zu öffnen. Kontrollieren Sie die Knoten an den Fingern und die relative Stellung der Finger zueinander sowie zur Hand als Ganzer.

Drehen Sie die Hände um, und untersuchen Sie die Berge. Streichen Sie mit dem Finger über jeden Berg, und bestimmen Sie seine relative Stärke. Notieren Sie besondere Zeichen auf den Bergen wie Vierecke, Kreuze und Gitter.

Studieren Sie die Linien, und achten Sie sorgfältig auf ihre Stärke, Klarheit und Länge. Wo beginnen sie, und wo enden sie? Gibt es auf den Linien Unterbrechungen, Punkte oder Inseln? Haben sie Äste, oder sind Farbveränderungen zu sehen? Worin unterscheiden sich die Linien der einen Hand von denen der anderen?

Nach einigen Minuten der Untersuchung beider Hände bekommen Sie ein «Gespür» für die Hand und erkennen im Prinzip, wer die Person ist, die Sie da konsultiert. Ergreifen Sie nun die aktive Hand, und beginnen Sie mit der Analyse. Denken Sie daran, immer wieder die passive Hand auf bestätigende oder modifizierende Merkmale hin zu prüfen. Beginnen Sie mit dem Punkt, der nach Ihrem Gefühl am geeignetsten ist. Bei manchen Menschen wollen Sie vielleicht mit einer allgemeinen Charakteranalyse anfangen, bei anderen lieber gleich auf die «Kernproblematik» – Sexualität und Beziehung – eingehen. Handeln Sie entsprechend Ihrem persönlichen Urteil.

Lassen Sie sich für die Analyse Zeit, seien Sie immer offen für intuitive Erkenntnisse. Stellen Sie häufig Augenkontakt zum Klienten her. Vielleicht wollen Sie während der Sitzung Fragen stellen, vielleicht lieber erst nach Abschluß der Analyse.

Versuchen Sie, während der Analyse stets folgende Punkte im «Hinterkopf» zu behalten:

1. Was erwartet die Person wirklich?
2. Was ist sie bereit zu hören?
3. Nützt das, was ich sage, der Person zum gegenwärtigen Zeitpunkt?
4. Welches ist der beste Weg, dieser Person zu helfen, ihre Initiative, Eigenverantwortlichkeit und Teilnahme am Leben weiterzuentwickeln?
5. Rührt diese Analyse an empfindliche Punkte bei mir selbst, die Einfluß auf meine Objektivität und damit auf die Analyse haben könnten? (Die Frage ist besonders wichtig, wenn es um sexuelle Dinge geht.)
6. Drücke ich mich klar genug aus, und werde ich verstanden?

Praktiziert man die Handanalyse mit Sorgfalt, Sensibilität und Bescheidenheit, kann sie eine unerschöpfliche Quelle ständig neuer Abenteuer, Erkenntnisse und Inspirationen sein. Indem wir anderen helfen, ihre Selbstkenntnis und Selbstachtung zu steigern, steigern wir unweigerlich auch unsere eigene. Indem wir anderen helfen, «die Steine aus dem Weg zu räumen», fördern wir unsere eigene Fähigkeit zu Mitgefühl und Hilfsbereitschaft.

11 Wie man Handabdrücke herstellt

Einer der besten Wege zur Vertiefung unseres Verständnisses der menschlichen Hand besteht darin, ein Bild jener Hände anzufertigen, die wir analysieren wollen. Gipsabdrücke geben Form und Linien zwar getreu wieder, aber ihre Herstellung ist ziemlich kompliziert. Fotos von den Händen sind leichter herzustellen und aufzubewahren, oft jedoch sehr teuer.

Die einfachste und billigste Methode, Hände im Bild festzuhalten, ist der Handabdruck. Erstellt man zusätzlich zu den Abdrücken das nachstehend skizzierte Handanalysen-Protokoll, dürfte sich das Sammeln der Abdrücke als sehr nützlich erweisen. Man besitzt dann nicht nur dauerhafte Dokumente der Hand, sondern kann im Laufe der Jahre mit Hilfe weiterer Abdrücke Veränderungen feststellen.

Material

Das Material, das man für Handabdrücke benötigt, ist billig und leicht zu bekommen.

1. Eine Gummiwalze, etwa zehn Zentimeter breit.
2. Eine Tube schwarze Linoldruck-Wasserfarbe.
3. Kunstdruckpapier von guter Qualität. Vielleicht ziehen Sie Einzelblätter vor, vielleicht einen Spiralblock wegen der einfacheren Aufbewahrung.
4. Einen breiten Streifen dünnen Schaumstoffs als Unterlage für das Papier.
5. Eine Glasplatte, ein Stück Linoleum oder ein Frühstücksbrett zum Auftragen der Farbe.

Verfahren

1. Legen Sie zuerst das Papier auf den Schaumstoff, der bewirkt, daß sich das Papier den Handkonturen besser anpaßt. Walzen Sie etwas Farbe auf dem Glas, Linoleumstück oder Brettchen aus (Abbildung 11.1).
2. Färben Sie die Hand sorgfältig ein, tragen Sie gerade so viel Farbe auf, daß die gesamte Handfläche leicht bedeckt ist (Abbildung 11.2).
3. Ersuchen Sie die Person, ihre Hand ganz natürlich auf das Papier zu legen. Drücken Sie auf die gesamte Hand (besonders die Mitte der Handfläche und die Stelle zwischen den Fingerbergen), damit Sie einen vollständigen Abdruck bekommen (Abbildung 11.3).
4. Halten Sie das Papier auf dem Tisch fest, während die Hand langsam abgehoben wird. Dadurch vermeiden Sie ein Verschmieren des Abdrucks (Abbildung 11.4).

Abb. 11.1
Auswalzen der Farbe

Zusätzlich zum Handabdruck sollten Sie ein Protokoll über die Hauptmerkmale der Hand, wie Form, dominierende Finger und Berge, erstellen und darauf auch die persönlichen Daten der Person vermerken, deren Handabdruck Sie in Ihre Sammlung aufnehmen wollen. Hier ein bewährtes Muster für ein solches Protokoll:

Abb. 11.2
Einfärben der Hand

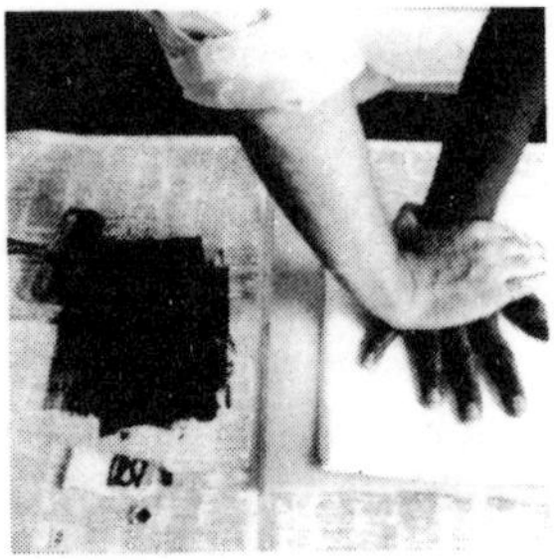

Abb. 11.3
Auflegen der Hand auf das Papier

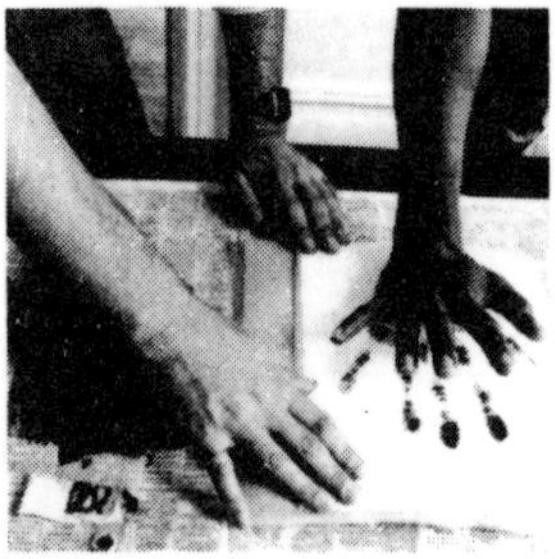

Abb. 11.4
Festhalten des Papiers, um ein Verwischen zu verhindern

Handanalysen-Protokoll

Name:
Geburtsdatum:
Heutiges Datum:

Vorherrschender Handtyp
Stärkste Berge
Schwächste Berge

Prüfungen
Hautstruktur
Hautfärbung
Elastizität
Beschaffenheit

Finger (Beschreibung)
Jupiter
Saturn
Apollo
Merkur
Vorherrschend
Länger oder kürzer als Handfläche
Gerade
Gekrümmt

Daumen
Größe
Biegsamkeit
Sitz (niedrig, mittel, hoch)
Willensglied (Beschreibung)
Glied der Logik (Beschreibung)

Nägel
Größe
Form
Farbe
Ungewöhnliche Merkmale

Zusätzliche Kommentare/persönliche Daten

12 Wie man Handabdrücke analysiert

Auf den folgenden Seiten werden wir Handabdrücke mehrerer Paare und Einzelpersonen aus der Abdrucksammlung des Verfassers analysieren.

Analyse 1
(Abbildungen 12.1 und 12.2)

Die beiden hier wiedergegebenen Abdrücke wurden von einem Ehepaar genommen, das vor kurzem seinen vierzigsten Hochzeitstag feierte. Die Ehepartner unterscheiden sich charakterlich und haben auch unterschiedliche berufliche Interessen (die Frau ist Künstlerin, der Mann Mathematiker), aber sie finden, daß ihr Zusammenleben neben starken Gegensätzen auch viele Übereinstimmungen aufweist.

Die Lebens- und die Kopflinie sind bei beiden verbunden, signalisieren also ähnliche Tendenz zu Vorsicht und gegenseitiger Abhängigkeit. Beide Partner sind intelligent (wie an ihren Kopflinien zu sehen), sie besitzen Venusberge vergleichbarer Größe, leicht ähnliche Herzlinien und die Fähigkeit, sich dem anderen mitzuteilen. Gemeinsam ist ihnen auch die Liebe zur Kunst, zur Musik und zum Autofahren.

Obwohl zwischen ihnen in den meisten wichtigen Fragen grundsätzlich Einigkeit besteht, sehen sie die Welt sehr unterschiedlich. Der Mann ist eher konservativ und vernunftorientiert, die Frau eher rebellisch und offen für neue Ideen und Trends. Außerdem neigt sie stärker zu Rastlosigkeit und Emotionalität, was an den vielen Linien in ihrer Hand und an ihrer sensiblen Herzlinie zu sehen ist. Beide genießen das Zusammensein, aber jeder Partner läßt dem anderen reichlich physischen und psychischen Raum zur Verfolgung eigener Ziele. Jeder hat mehr als eine Verbindungslinie, ein Hinweis auf andere tiefe Freundschaften neben der Ehe.

Treten in der Beziehung Probleme auf, bemüht sich das Paar, einen Kompromiß zu finden, denn beide haben steife Daumen und relativ unbiegsame Hände. Weil in der Handform einige Ähnlichkeit besteht, ist

Abb. 12.1
Analyse 1 (a)

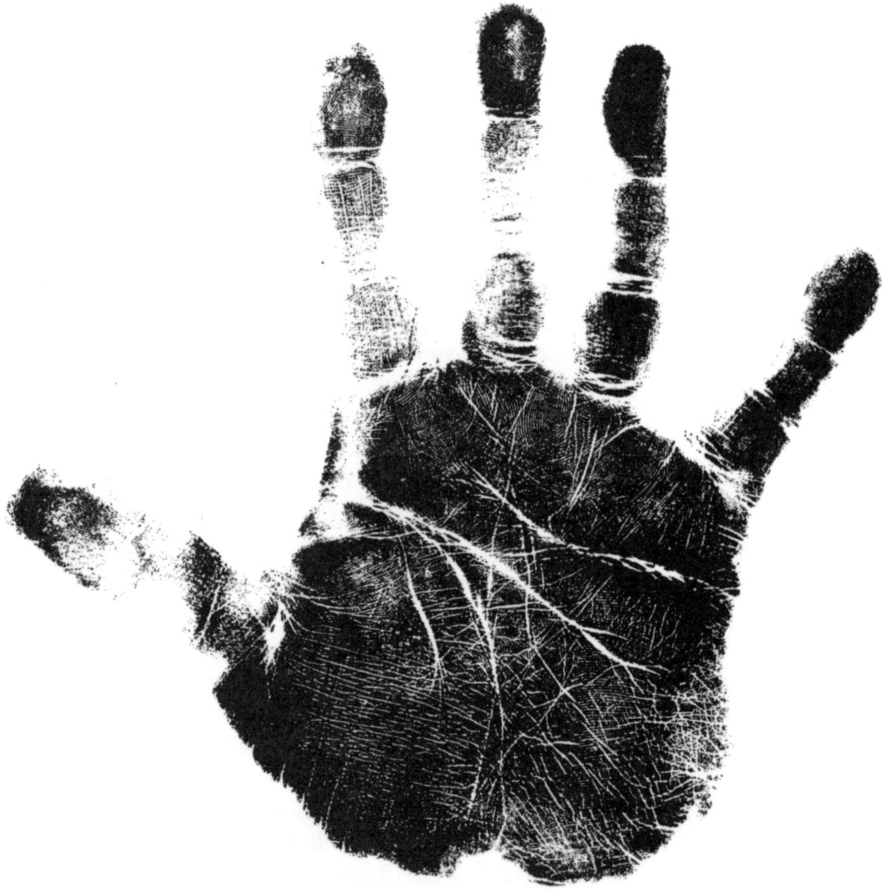

beiden eine ziemlich vernünftige und praktische Art eigen, mit Herausforderungen und neuen Situationen fertig zu werden.

Das Grundelement ihrer Beziehung ist Ausgewogenheit zwischen Abhängigkeit und Unabhängigkeit bei starker gegenseitiger Zuneigung, Treue und Achtung.

Abb. 12.2
Analyse 1 (b)

Diese Handabdrücke stammen von zwei Homosexuellen, die wir Richard und Dale nennen wollen. Die beiden lernten sich vor neunzehn Jahren in der Armee kennen, wo Richard Oberst und Dale Unteroffizier war. Sie verliebten sich ineinander und sind seither zusammen – als Partner in einer monogamen

Analyse 2 (Abbildungen 12.3 und 12.4)

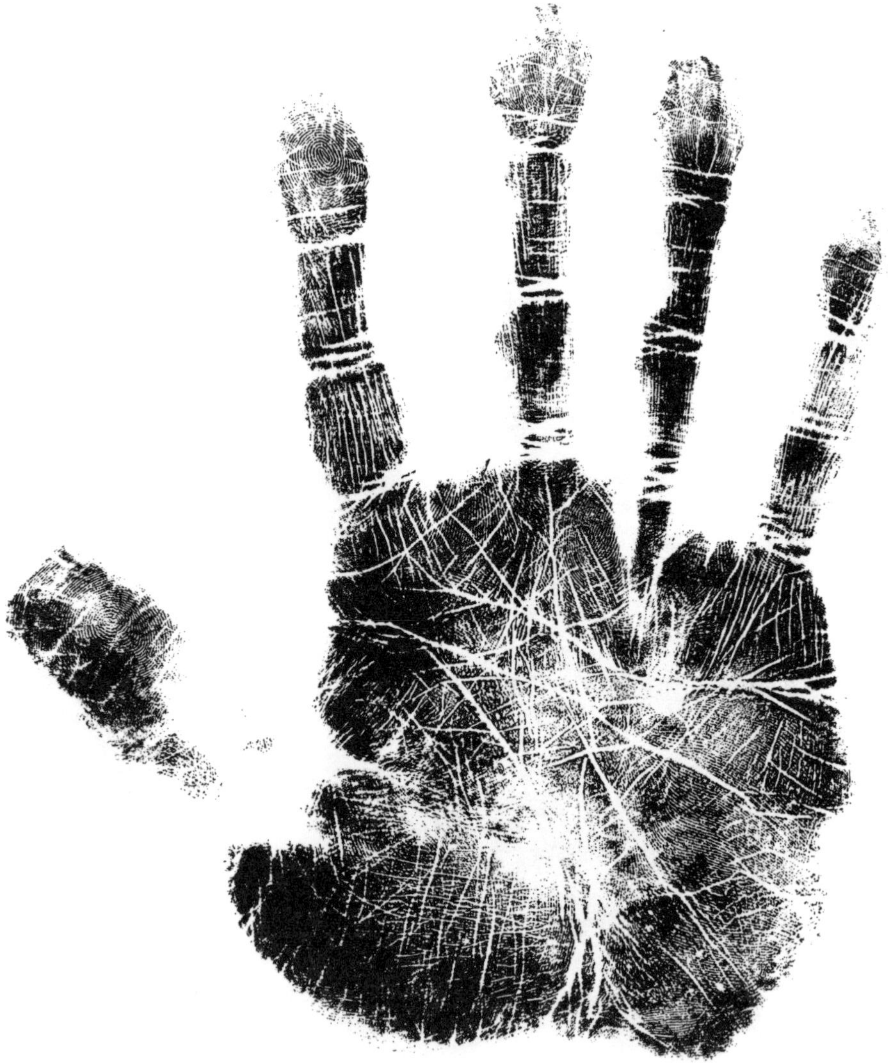

Abb. 12.3
Analyse 2 – Richard

Beziehung und gemeinsame Besitzer eines erfolgreichen Unternehmens.

Äußerlich wirken die beiden sehr verschieden. Richard, inzwischen vierundsiebzig, ist mehr der «Oberst», reifer, entschlossener und die stärkere Persönlichkeit. Dale, heute zweiundfünfzig, erscheint eher als der «Unteroffizier» – entspannter, sorgloser und entgegenkommender.

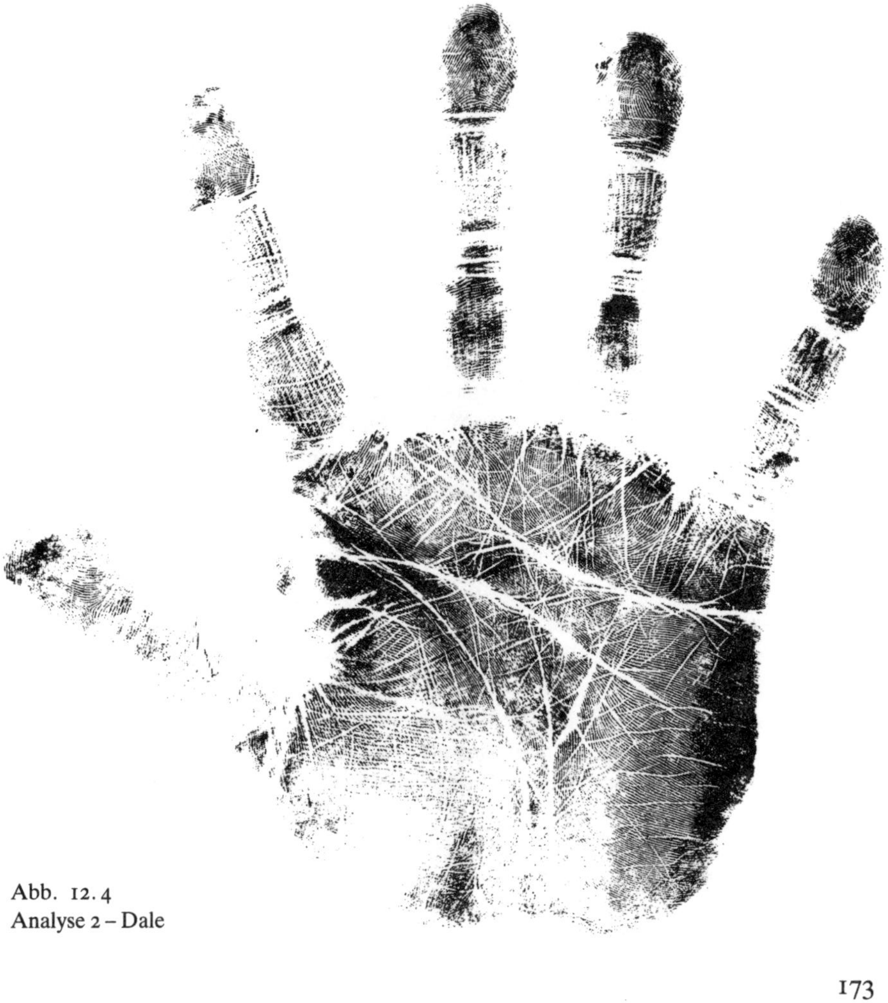

Abb. 12.4
Analyse 2 – Dale

Die Untersuchung ihrer Hände ergibt jedoch, daß beide starke Persönlichkeiten sind und daß in vielen Bereichen Ähnlichkeiten bestehen. Die Handformen sind ähnlich, allerdings hat Dale kürzere Finger im Verhältnis zu seiner Handfläche, was auf ein stark instinktbetontes Naturell hinweist. Richard hat vergleichsweise längere Finger, die zudem geknotet sind, ein Zeichen für seine Neigung, zu analysieren und sich auf Details zu konzentrieren. Beide Männer sind sehr intelligent, ihre Kopflinien haben etwa die gleiche Länge und bewegen sich in die gleiche Richtung. Auch ihre Herzlinien ähneln sich, abgesehen davon, daß Dales Linie etwas «physischer» ist und etwas mehr Sensibilität offenbart als jene Richards. Die Venusberge haben etwa die gleiche Größe, beide Hände weisen «Samariterlinien» auf, und die Saturnlinien signalisieren bei beiden eine erfolgreiche Berufslaufbahn. Sowohl Richard als auch Dale verfügen über gute Kommunikationsfähigkeiten, und jeder unterhält sich gern mit dem anderen.

Beide Männer haben feste Hände und starke, «eigensinnige» Daumen, besonders Dale, was indiziert, daß er öfter seinen Kopf durchsetzt, als man vermuten würde. Doch in den wesentlichen Punkten sind sich die beiden Männer einig, und es kommt zwischen ihnen selten zu ernsten Konflikten. Noch weitere Ähnlichkeiten bestehen, etwa im Hang zur Vorsicht (ähnliche Verbundenheit von Kopf- und Lebenslinien), in den starken Lebenslinien (Zeichen für gute Gesundheit und physische Vitalität) und den Intuitionslinien sowie den klaren Apollolinien (offenbaren Schönheitsliebe und Kreativität). Ferner haben beide Männer starke Verbindungslinien und eine Menge Reiselinien, denn sie sind viel unterwegs.

Nicht nur ihre Liebe verbindet sie, jeder der beiden genießt auch die Gesellschaft des anderen, sei es bei der Arbeit, zu Hause oder auf Reisen. Sie haben einen großen Freundeskreis, fühlen sich aber sehr stark als Paar, und ihre Beziehung wird von ihren

Freunden und Bekannten geradezu als «Idealfall» betrachtet.

Analyse 3
(Abbildung 12.5)

Diese Abdrücke zeigen die Hände eines vierjährigen Jungen. Trotz seiner Jugend scheinen sein Temperament und seine psychosexuelle Persönlichkeit in der Hand bereits deutlich auf. Weil der Junge Rechtshänder ist, verrät die Getrenntheit von Kopf- und Lebenslinie auf seiner rechten Hand (auf der linken sind die Linien verbunden), daß er mehr Selbstvertrauen besitzt, als frühere Tendenzen vermuten ließen (seine Eltern bezeichnen ihn als «furchtlos»).

Die «geistige» Herzlinie ist tief und lang, außerdem etwas kettig. Eine Herzlinie dieses Typs verweist auf einen sensiblen, leidenschaftlichen Menschen, der sich leicht verlieben kann und seinem Partner oft sehr zugetan bleibt. Die Samariterlinien verstärken sein fürsorgliches Naturell. Ausgewogenheit erzeugen jedoch die starke, realistische Kopflinie und die eckige Handform, die eine praktische Lebenseinstellung anzeigen. Der Venusberg ist groß, gut geformt und offenbart ein hohes Maß an Energie. Der Daumen öffnet sich normalerweise an der rechten Hand ebenso weit wie an der linken, ein Zeichen für Unabhängigkeit und eine unkonventionelle Sicht der Welt. Der Merkurfinger tritt hervor, ist zwar nicht übermäßig lang, verrät aber gute Kommunikationsfähigkeit.

Der Junge hat derzeit zwei klare Verbindungslinien, die allerdings auf dem Abdruck kaum zu sehen sind. Bei Kindern kann sich das Handflächenbild binnen kurzer Zeit drastisch verändern, darum wäre es gut, etwa jedes Jahr neue Abdrücke herzustellen.

Abb. 12.5
Analyse 3 – Ein vierjähriger Junge

Analyse 4
(Abbildung 12.6)

Hier die Hand eines zweiunddreißigjährigen Kameramannes und Video-Experten. Von allen Menschen, deren Handabdrücke in unserem Buch wiedergegeben werden, hat dieser Mann wohl die ungewöhnlichste Sexualgeschichte. Er ist bisexuell, sadomasochistisch und seit seiner Kindheit sexuell aktiv. Im Laufe der Jahre probierte er alle möglichen sexuellen Varianten mit den verschiedensten Personen aus, darunter Generäle und überzeugte Lesbierinnen. Auch Sex mit Tieren gehörte zum Spektrum. Der begeisterte Motorradfahrer behauptet, es sogar wäh-

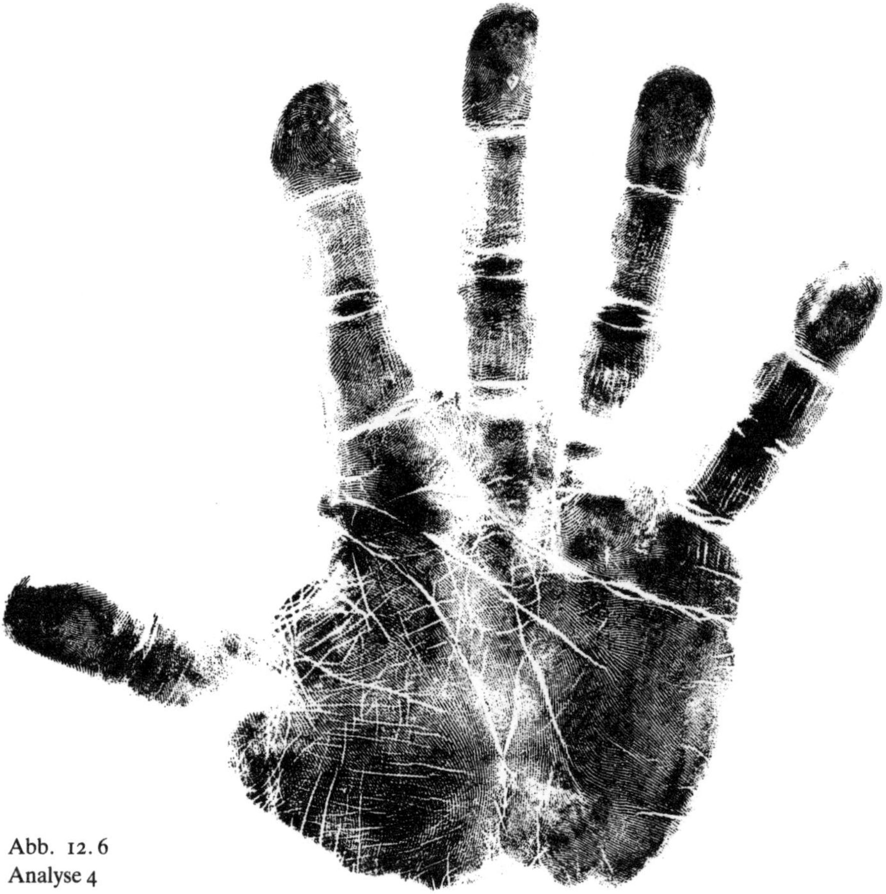

Abb. 12.6
Analyse 4

rend einer Fahrt mit dem Beifahrer getrieben zu haben. Zu der Zeit, da sein Handabdruck angefertigt wurde, lebte er in einer monogamen Beziehung mit einer Frau, die seine sadomasochistischen Neigungen teilt. Diese Beziehung signalisiert vermutlich die starke Verbindungslinie auf seinem Merkurberg.

Der niedrig sitzende, einen weiten Winkel bildende Daumen und der große Abstand zwischen Lebens- und Kopflinie sind zwei wichtige Hinweise auf seinen hemmungslosen Lebensstil und seine unkonventionellen Ansichten über Sexualität und Beziehungen. Der große, erhöhte Venusberg offenbart heftige Leidenschaft und einen überstarken Sexualtrieb. Der etwas kurze Jupiterfinger könnte mangelndes Selbstvertrauen anzeigen, daher vielleicht das Verlangen, sich sexuell zu bestätigen, obwohl der Finger weder auffällig kurz noch schwach ist.

Der Mann hält sich manchmal für einen Sexualtherapeuten (wie an den Samariterlinien auf seinem Merkurberg zu sehen) und spricht über seine sexuellen Erfahrungen mit Menschen (zum Beispiel Lesbierinnen), die sich normalerweise nicht zum Geschlechtsverkehr mit einem Mann bereit fänden. Hier spielt vielleicht ebenfalls der Wunsch eine Rolle, sich zu bestätigen, wahrscheinlich jedoch entspringt dieses Tun eher seiner angeborenen Abenteuerlust und Risikobereitschaft, von der eine horizontale Linie kündet, die von der Handkante über den Mondberg verläuft.

Die Kopflinie ist im wesentlichen deutlich und stark, verweist auf klaren Verstand und beachtliche Intelligenz. Die Herzlinie ist lang und sensibel, der Abwärtsast deutet auf mögliche Konflikte zwischen Verstand und Gefühlen in Beziehungsangelegenheiten hin. Die kettige Herzlinie wirkt als Ausgleich für die etwas grobe Hautstruktur der Hand. Der lange, gerade Merkurfinger des Mannes signalisiert gute Kommunikationsfähigkeit und eine ehrliche, offene Art im Umgang mit anderen.

Analyse 5
(Abbildung 12.7)

Die Hand auf dieser Abbildung gehört einer siebenunddreißigjährigen Schauspielerin (Komikerin), die auch eine ausgezeichnete Chirologin ist. Die Schlüsselworte, mit denen man ihre Hand beschreiben kann, lauten «Vergnügungslust» und «Spontaneität». Sie genießt den Sex sehr, und Sex ist auch oft das Hauptthema der Sketche, in denen sie auftritt.

Ihre stark physische Herzlinie offenbart Interesse an intensiven, aufregenden Sexszenen, und die Getrenntheit von Lebens- und Kopflinie verrät ihre

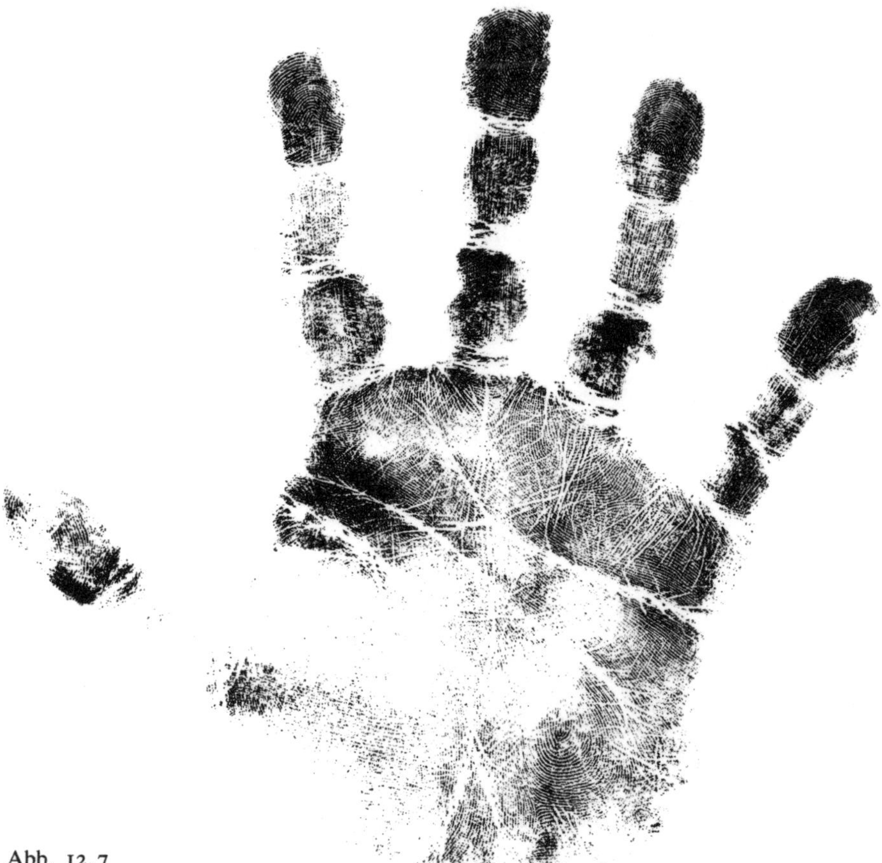

Abb. 12.7
Analyse 5

Impulsivität, Ungeduld und mangelnden sexuellen Hemmungen. Der erhöhte Venusberg sowie die Weichheit und Fleischigkeit der Hand und der Finger zeigen ihre Lust am Vergnügen an, wozu häufig auch das Essen gehört (sie behauptet, die einzigen französischen Worte, die sie kenne, seien «soupe du jour»). Die kurzen, glatten Finger verweisen auf eine spontane, instinktbeherrschte Person, die wenig Zeit hat, zu analysieren und sich mit Einzelheiten abzugeben.

Die Frau besitzt einen geraden, starken Merkurfinger, der gute Kommunikationsfähigkeit und eine direkte Art im Umgang mit Menschen offenbart. Ihre zahlreichen Samariterlinien könnten von ihrem Bestreben künden, anderen Menschen durch Handdeutung zu helfen, und ihr großer Mondberg kennzeichnet eine beschützende, fürsorgliche Persönlichkeit des Typs «Erdmutter». Der lange Jupiterfinger zeigt ihre Neigung zu Dominanz und zur Durchsetzung ihres Willens an. Die vielen Linien in der Hand lassen erkennen, daß sie ein sehr sensibler Mensch ist, und in den auf ihrem Mondberg diagonal aufsteigenden Linien spiegelt sich ihre paranormale Begabung wider.

Als der Handabdruck gemacht wurde, war sie zwei Jahre verheiratet und ihre eher schwache Verbindungslinie begann zu wachsen. Sie liebt ihren Mann sehr und fühlt sich an ihn und das vor kurzem geborene gemeinsame Kind stark gebunden.

Analyse 6
(Abbildung 12.8)

Dieser Handabdruck stammt von einer fünfundzwanzigjährigen «männlichen Jungfrau».

Manche Menschen leben bewußt enthaltsam, bis sie den richtigen (Ehe-)Partner gefunden haben, doch der Hauptgrund für die Unerfahrenheit dieses jungen Mannes ist sexuelle Gehemmtheit.

Der Mann hat einen guten Venusberg (weist auf Vitalität und Sexualenergie hin) und einen starken

Mondberg, der eine beschützende Art gegenüber anderen und starke Instinkte offenbart. Der Merkurfinger ist von zufriedenstellender Länge und Größe, er zeigt gute Kommunikationsfähigkeit an.

Mehrere Zeichen deuten auf mögliche Beziehungsschwierigkeiten hin. Absteigende Verbindungslinien in jungen Jahren wie die beiden auf der Hand hier finden sich häufig bei Personen, die ständig allein sind und oft ihre Karriere über alles andere stellen. Die

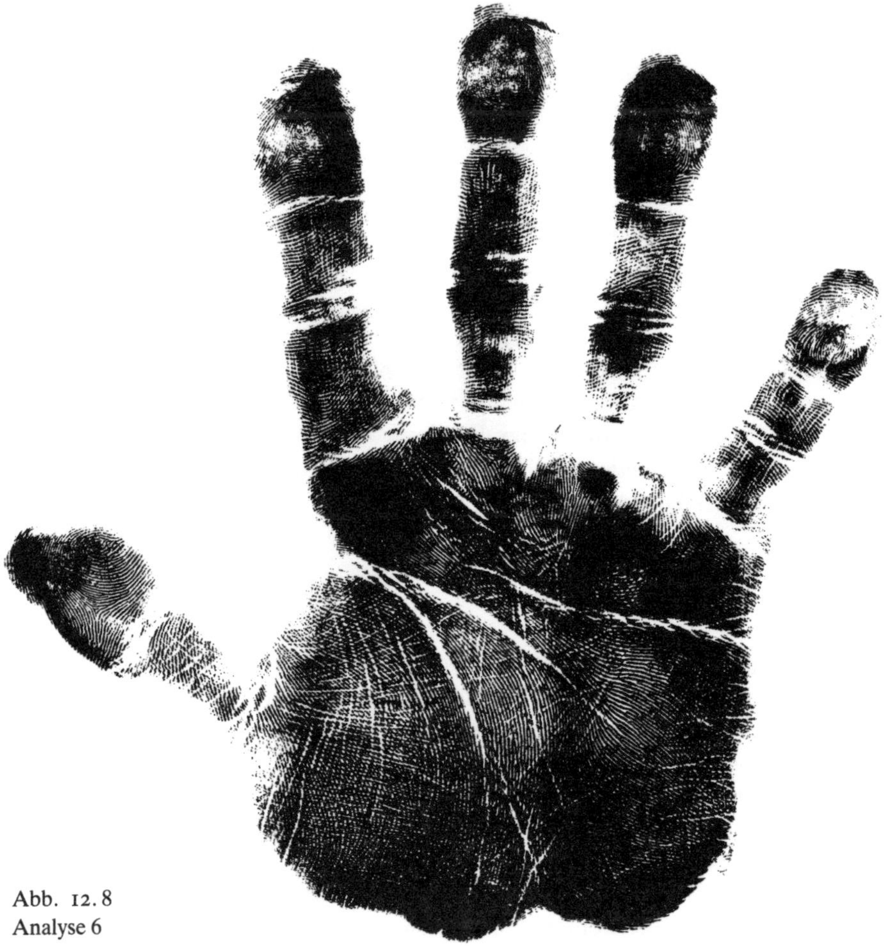

Abb. 12.8
Analyse 6

lange Verbundenheit von Kopf- und Lebenslinie kündet von extremer Vorsicht, Mangel an Selbstvertrauen, wahrscheinlich sexueller Unterdrückung und Angst vor dem, «was die anderen denken könnten». Die mit Inseln durchsetzte Kopflinie (besonders vor dem dreißigsten Lebensjahr) enthüllt Gefühlsprobleme, Verwirrtheit und mangelnde Konzentriertheit. Die Herzlinie ist sensibel und «geistig», endet jedoch unter dem Saturnberg, was signalisiert, daß die Person eher vom Verstand als von Emotionen beherrscht wird. Gleichzeitig betont der Venusgürtel das sensible, romantische Naturell und verstärkt die sexuellen Gefühle. Der Abstand zwischen Herz- und Kopflinie ist gering, ein Hinweis auf Verschwiegenheit und die Tendenz, Gefühle zu unterdrücken. Es versteht sich von selbst, daß derart widersprüchliche Elemente in der Hand große Schwierigkeiten auslösen können – in der Person selbst und in ihren Beziehungen zu anderen Menschen.

Die weiter oben an der Hand erscheinende ausgeprägte Verbindungslinie kann jedoch indizieren, daß es irgendwann in der Zukunft zu einer romantischen Verbindung kommt. Allerdings hängt viel davon ab, was der Mann zur Lösung seiner Probleme unternimmt, die in mangelndem Selbstwertgefühl, Angst und Tendenz zur Unterdrückung seiner Gefühle bestehen.

Analyse 7
(Abbildung 12.9)

Zum Schluß der Handabdruck eines neunzigjährigen Greises. Der Mann war früher Holzfäller und Bauarbeiter, heiratete in jungen Jahren und setzte neun Kinder in die Welt. Einige Jahre nach dem Tod seiner Frau heiratete er – mit siebenundsiebzig – eine attraktive Witwe, die einige Jahre jünger war als er.

Das herausragende Merkmal seiner Hand sind die spatelförmigen Finger, Kennzeichen eines dynamischen, risikofreudigen Menschen mit einem starken, sinnlichen Naturell. Die klaren und gut gezeichneten Linien (vor allem Lebens-, Kopf- und Herzlinie) steigern seine physische Energie, was vielleicht mit ein Grund dafür ist, daß er wesentlich jünger als neunzig wirkt. Sein großer Venusberg zeigt, daß er mindestens bis zum Ende seiner Achtzigerjahre sexuell aktiv war. Der strenge Vegetarier und eifrige Gärtner betätigte sich bis zwei Monate vor seinem Tod stets auch körperlich. Er starb mit einundneunzig Jahren.

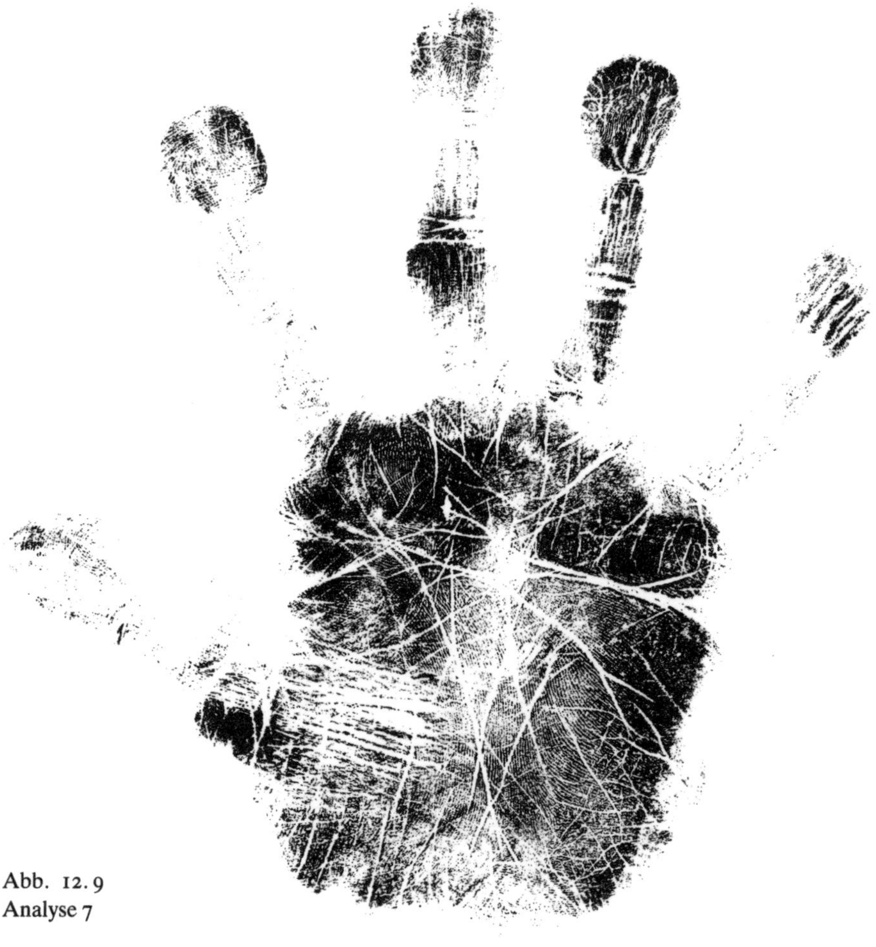

Abb. 12.9
Analyse 7

Der starke Venusberg, der lange Merkurfinger, die tiefe Herzlinie und die spatelförmigen Finger weisen auf einen Menschen hin, der es genoß, Liebe und Zuneigung zu geben und zu empfangen. Seine Frau nannte ihn oft «den Honig meines Lebens».

Dank

Der Autor möchte folgenden Personen für ihre Hilfe bei der Vorbereitung dieses Buches danken:
José Alberto Rosa, Dr. med. Sadie Davis Altman, Gregory Leo, Peter Massey, Terri Raymond, Wayne Perez, Robert G. Lee.

Literaturverzeichnis

Aivenov, Omraam Mikhaël, *Love and Sexuality,* Frejus 1976.
–, *Sexual Force or the Winged Dragon,* Frejus 1982.
Altman, Nathaniel, *The Palmistry Workbook,* Wellingborough 1984.
Armstrong, Louise, *Kiss Daddy Goodnight. Aussprache über Inzest,* Frankfurt a. M. 1985.
Arroyo, Stephen, *Astrologie, Psychologie und die vier Elemente,* München [3]1985.
Assagioli, Roberto, *Handbuch der Psychosynthesis. Angewandte Transpersonale Psychologie,* Freiburg i. Br. 1978.

Bailey, Alice A., *Eine Zusammenfassung über Sexualität,* Bietigheim 1986.
Banerji, Sudhakar, *Palmistry, Sex and Marriage,* Neu-Delhi 1962.
Bell, Robert R., *Worlds of Friendship,* London 1981.
Bennett, J. C., *Sex,* York Beach, Maine, 1981.
Brenner, Elizabeth, *Hand In Hand,* Millbrae 1981.

Califia, Pat, *Sapphistrie – weibliche Sexualität,* Berlin 1981.
Churchill, Wainwright, *Homosexual Behavior,* Englewood Cliffs, New Jersey, 1971.
Cook, Mark/Wilson, Glenn (Hrsg.), *Love and Attraction,* London 1977.

Evola, Julius, *Metaphysik des Sexus,* Berlin 1983.
Eysenck, H. J./Wilson, Glenn, *Teste dich selbst,* München 1983.

Fitzherbert, Andrew, «Spaces Between the Fingers», in: *Palmistry International,* Bd. 2, Nr. 3, S. 81 ff.
–, «The Attachment Lines», in: *Palmistry International,* Bd. 2, Nr. 4, S. 97 ff.
Foote, Edward B., *Dr. Foote's New Book on Health and Disease, With Recipes, Including Sexology,* New York 1903.
Fortune, Dion, *The Esoteric Philosophy of Love and Marriage,* London 1967.

Fromm, Erich, *Anatomie der menschlichen Destruktivität,* Stuttgart 1974.

Goldberg, Herb, *Der verunsicherte Mann. Wege zu einer neuen Identität aus psychotherapeutischer Sicht,* Reinbek 1979.

Haeberle, Erwin J., *Die Sexualität des Menschen. Handbuch und Atlas,* Berlin, 2. erw. Aufl., 1985.
Haich, Elizabeth, *Sexuelle Kraft und Yoga,* München [4]1984.
Hoff, John L., «Practical Friendship», in: *In Context,* Sommer 1985.
Holtzmann, Arnold, *Die Hand. Ein Spiegel von Psyche und Schicksal. Chirologie und Psychotherapie,* Freiburg i. Br. 1986.

Janus, Sam, u. a., *A Sexual Profile of Men in Power,* Englewood Cliffs, New Jersey, 1977.

Keleman, Stanley, *Der Körper formt dein Selbst. Der bioenergetische Weg zu emotionaler und sexueller Befriedigung,* München 1980.
Klamkin, Marian, *Hands to Work,* New York 1972.

Lasswell, Marcia/Lobsenz, Norman M., *Styles of Loving,* New York 1981.
Lee, Lind/Charlton, James, *The Hand Book,* Englewood Cliffs, New Jersey, 1980.
Leonard, George, *The End of Sex,* New York 1981.
Lewis, Samuel L., *Talks of an American Sufi,* San Francisco 1981.
Lowen, Alexander, *Liebe und Orgasmus. Persönlichkeitserfahrung durch sexuelle Erfüllung,* München 1986 (Neuauflage).
–, *Lust. Der Weg zum kreativen Leben,* München 1984 (Neuauflage).
Luxon, Bettina/Goolden, Jill, *Your Hand,* New York 1984.

Mains, Geoff, *Urban Aboriginals,* San Francisco 1984.
Moore, John, *Sexuality Spirituality,* Tisbury 1980.
Morris, Desmond, *Liebe geht durch die Haut. Die Naturgeschichte des Intimverhaltens,* München 1975.

Nesfield-Cookson, Bernard, *Rudolf Steiner's Vision of Love,* Wellingborough 1983.

Offit, Avodah K., *Das sexuelle Ich,* Stuttgart 1979.

Pierrakos, Eva, *The Forces of Love, Eros and Sex,* New York 1978.
–, *The Spiritual Symbolism and Significance of Sexuality,* New York 1973.
Pierrakos, John C., *Aggressive Functions in the Upper Half of the Body,* New York 1975.

Reich, Wilhelm, *Die bio-elektrische Untersuchung von Sexualität und Angst,* Frankfurt a. M. 1984.
–, *Die sexuelle Revolution,* Frankfurt a. M. [2]1985.
Rosenberg, Jack Lee/Rand, Marjorie L., *Body, Self and Soul: Sustaining Integration,* Atlanta 1985.

Samois (Hrsg.), *Coming to Power,* Boston [2]1982.
Singer, June, *Energies of Love,* Garden City, New York, 1983.
Sorell, Walter, *The Story of the Human Hand,* Indianapolis 1967.
Spier, Julius, *The Hands of Children,* London 1955.

Thibodeau, Robert, *The Astrology of Love and Sex,* Ferndale 1982.

Weinberg, Thomas/Levi Kamel, G. W. (Hrsg.), *S and M. Studies in Sadomasochism,* Buffalo 1983.
Weingarten, Henry, *The Principles of Synastry,* New York 1978.
West, D. J., *Homosexuality,* London 1955.
Wolff, Charlotte, *Die Hand als Spiegel der Psyche,* Bern/München/Wien 1983 (Neuausgabe).
–, *Bisexualität,* Frankfurt a. M. 1981.